1901년 영국은 최초로 남극에 탐험대를
파견했습니다. 이때 디스커버리 호를 이끈 탐험대장이
바로 로버트 스콧이었지요. 몇 년 후 스콧은 탐험대를
조직해 제2차 남극 탐험에 나섰어요. 그러나 남극점에는
노르웨이의 아문센 일행이 먼저 도달했고, 돌아오는 길에
스콧 일행은 조난을 당했어요. 스콧은 마지막까지 대원들을
보살피며 애국심과 용기를 잃지 않고 최후를 마쳤습니다.
이 내용은 초등 교과서 〈사회과 탐구〉 '변화하는
세계의 여러 나라' 와 연관됩니다.

추천 감수 김완기
- 한국아동문학회 중앙위원장, 한국아동문학연구회 수석부회장,
  국제펜·한국문인협회·한국저작권협회 회원.
- 초등학교 국어 교과서 집필·심의위원, 서울서래초등학교 교장 역임.
- 서울신문 신춘문예 동시 당선.
- 한국아동문학작가상, 한정동아동문학상, 대한민국동요대상 등 수상.
- 동화집 〈내 배꼽이 더 크단 말야〉 등 여러 권,
  동시집 〈엄마, 이게 행복인가 봐!〉,
  이야기책 〈마음이 따뜻한 101가지 이야기〉 등 다수의 어린이 책을 썼습니다.

추천 감수 이창수
- 한국문인협회 아동문학분과 회장, 한국아동문예작가회 명예회장,
  한국아동문학회 부회장, 국제펜 회원.
- 어린이 전문 출판사의 편집장, 주간 등 역임.
- 한국아동문예작품상, 한국아동문예상, 한국아동문학작가상, 김영일아동문학상 수상.
- 〈파란 꿈을 먹은 아이들〉, 〈따뜻한 남쪽 나라〉, 〈공포의 진주 동굴〉, 〈우주 여행〉, 〈구조대원 곰돌이〉,
  〈화성인과 아기 도깨비〉, 〈백두산에서 감나무골까지〉, 〈바닷속 동굴에서 만난 사람〉, 〈정수가 위험해〉 등
  200여 권의 어린이 책을 썼습니다.

추천 감수 송명호
- 한국아동문학회 회장, 한국문인협회 상임이사,
  국제펜클럽 한국본부 이사.
- 제1회 문화공보부 5월 예술상, 제1회 소년한국 문학상,
  소천아동문학상, 한국문학상, 대한민국문학상, 국제펜문학상 수상.
- 동시집 〈다섯 계절의 노래〉, 동화집 〈명견들의 행진〉,
  영화 시나리오 〈소만 국경〉, 방송극 〈개벽〉,
  장편 아동 소설집 〈전쟁과 소년〉(전5권), 〈동판지 독도 탐방대〉,
  동극집 〈어린이 살롱 드라마〉와 〈한국·세계 위인 전기〉(전집) 등을 썼습니다.

추천 감수 이상현
- 한국문인협회 이사, 국제펜클럽 한국본부 감사, 한국아동문학회 수석부회장.
- 조선일보 기자, 서울 교통방송 편성국장, 숙명여대 및 인하대 강사 역임.
- 1962년 경향신문 신춘문예 동시 당선.
- 1979년 〈현대 시학〉 시 추천 완료.
- 한국문학상, 국제펜문학상, 세종아동문학상, 소천아동문학상, 김영일아동문학상, 한국동시문학상 등 수상.
- 동시집 〈햇빛마을 가는 길〉, 동화집 〈짝꿍〉 등 다수의 어린이 책을 썼습니다.

글 이효성
- 1969년 동아일보 신춘문예 동화 부문 당선.
- 동아일보 신춘문예 심사위원 역임.
- 1986년 한국동화문학상 수상.
- 한국문인협회, 국제펜클럽 한국본부 회원.
- 역사 대하소설 〈태종 이방원〉과,
  〈달과 뗏사공〉, 〈인형 아가씨〉, 〈열두 대의 꿈마차〉 등 다수의 어린이 책을 썼습니다.

그림 김연주
- 이화여대에서 유아교육 전공.
- 이화여대 대학원에서 정보 디자인을 전공하고 있습니다.
- 〈엄지 공주〉, 〈여우와 두루미〉, 〈성냥팔이 소녀〉 등의 어린이 책에 그림을 그렸습니다.

■ 〈교과서 큰 인물 이야기〉는 한국아동문학회 회원 550여 분의 문인 선생님들께서 '어린이들에게 바람직한 인성과 가치관을 길러 주며, 쉽고 친절한 문장과 알찬 지식으로 어린이들의 독서 활동에 유익한 도움을 주는 책'으로 추천해 주셔서 한국아동문학회 출판문화대상을 수상했습니다.

교과서 큰 인물 이야기 71 로버트 스콧

펴낸날 2014년 1월 10일 발행 | **펴낸이** 박연환 | **펴낸곳** (주)한국헤르만헤세 | **출판등록** 제17-354호 | **본사** 경기도 성남시 분당구 금곡동 444-148 한국헤르만헤세 빌딩 | **대표전화** (031)715-7722 | **팩스** (031)786-1001 | **고객문의** 080-715-7722 | **편집 책임** 김원선 | **디자인** 장선희, 김영주, 전선아 | **교정** 양은하, 이효선 | **교정 진행** 김진형, 정현희, 김승현, 허영란 | **이미지 제공** 연합포토, 엔싸이버 포토 렌탈, 이미지클릭, 국립중앙박물관 | ⓒ2007 Korea Hermannhesse | 이 책의 저작권은 (주)한국헤르만헤세가 소유하고 있으므로 본사의 동의나 허락 없이 내용이나 그림을 어떠한 방법으로도 사용할 수 없습니다.
주의 본 교재를 던지거나 떨어뜨리지 않도록 주의하십시오. 다칠 우려가 있습니다. 고온 다습한 장소나 직사광선이 닿는 장소에는 보관을 피해 주십시오.

로버트 스콧
Robert Falcon Scott

글 이효성 | 그림 김연주

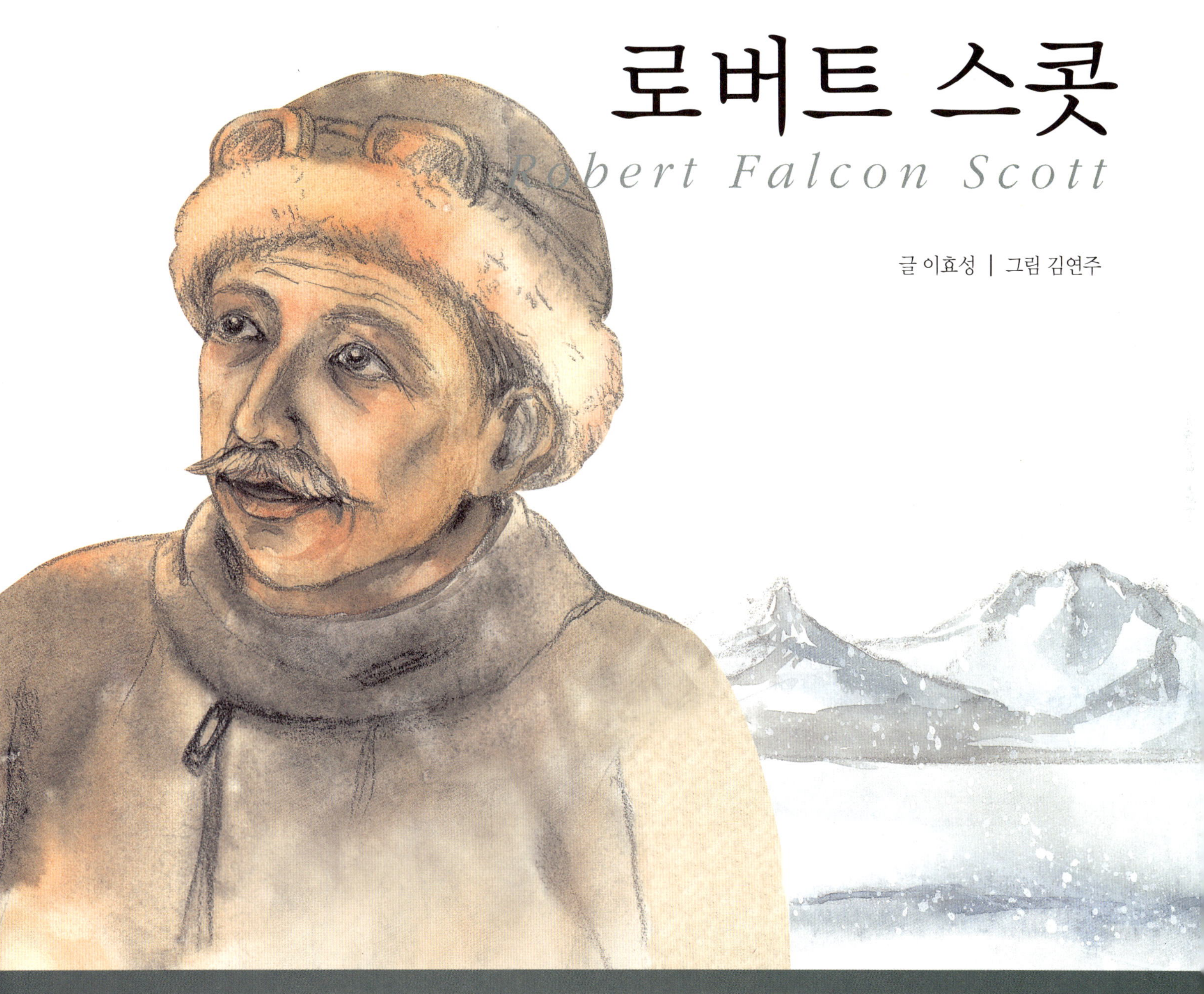

한국헤르만헤세

인류의 한계에 도전하여 탐험의 역사를 빛낸 순교자

인류 탐험의 역사에 장렬하고 위대한 순교 정신을 발휘한 남극 탐험가, 로버트 스콧.

그는 '우리 집안의 남자는 군인이 되어야 한다' 는 가문의 전통에 따라 해군 유년 사관학교에 들어가서 고된 훈련을 받았어요. 해군 장교가 되자, 그는 남극 탐험대의 대장으로 뽑혔지요.

제1차 탐험 때에는 남극점에 도달하지 못하고 귀국해야 했어요. 그렇지만 이때 많은 조사 활동을 하며 다양한 경험을 쌓았지요.

제2차 남극 탐험 때, 스콧은 노르웨이의 탐험가 아문센도 자신과 같은 코스를 택했다는 것을 알고 경쟁을 하게 되었어요. 이때 누가 먼저 남극점에 도달할지 세계인의 관심이 집중되었지요.

두 사람은 진심으로 서로를 격려하며 경쟁에 임했습니다.

스콧은 본부 기지를 평지에 설치했고, 아문센은 얼음 절벽 위에 설치했어요. 아문센이 먼저 출발하고, 스콧은 10여 일 늦게 남극점을 향해 떠났어요.

스콧이 남극점에 도달해 보니, 이미 한 달 전에 아문센이 다녀간 흔적이 있었어요. 결국 경쟁에서 스콧이 패한 것이었지요.

스콧은 돌아가는 길에 추위와 굶주림으로 동료들을 잃고, 나중에는 눈보라 때문에 천막 속에 갇혀 지내다가 남은 동료들과 함께 목숨을 잃었답니다. 추위와 굶주림 속에서도 침착하게 행동한 그의 정신은 온 세계인의 마음을 뭉클하게 해 주었지요.

스콧과 아문센의 탐험 과정을 잘 비교하며 살펴보면 매우 흥미진진할 거예요. 그리고 여러 가지 소중한 교훈들도 얻게 될 거예요.

글쓴이 이 효 성

교과서 큰 인물 이야기 71

로버트 스콧

8 어릴 때부터 다진 군인 정신

20 나이 어린 사관생도

34 탐험대 대장이 되어

50 제2차 남극 탐험의 길

65 세계 탐험 역사를 빛낸 순교자

78 한눈에 보는 로버트 스콧의 생애

82 두 차례에 걸친 남극 탐험

어릴 때부터 다진 군인 정신

"스콧, 이리 와 봐."
아버지가 일찍 집에 돌아와 스콧을 불렀어요. 스콧은 아버지의
목소리만 들어도 깜짝깜짝 놀랐어요.
"아버지, 왜 그러세요?"
어린 스콧은 아버지 앞으로 갔어요.
"너, 내가 뭐라고 일렀니? 사내는 용감한 군인처럼 가슴을 쫙 펴
고 고개를 똑바로 해야 한다고 했잖아?"

아버지가 꾸짖자 스콧은 무엇에 갑자기 놀란 아이처럼 고개를 쳐들었지요. 가슴을 쫙 펴고요. 툭하면 아버지에게 그런 꾸중을 듣는 스콧이었거든요.

"자, 그렇게 여기서부터 저기까지 씩씩하게 걸어 봐."

"네."

"대답이 시원찮다."

"네!"

스콧은 아버지가 시키는 대로 군인처럼 똑바로 걸었어요. 눈은 앞을 보고 입은 꾹 다물고요. 이때 동생이 깔깔 웃었어요.

"하하하. 형, 또 아버지한테 걸음마 배운다."

스콧은 마음이 여렸지만 동생은 매우 쾌활했어요.

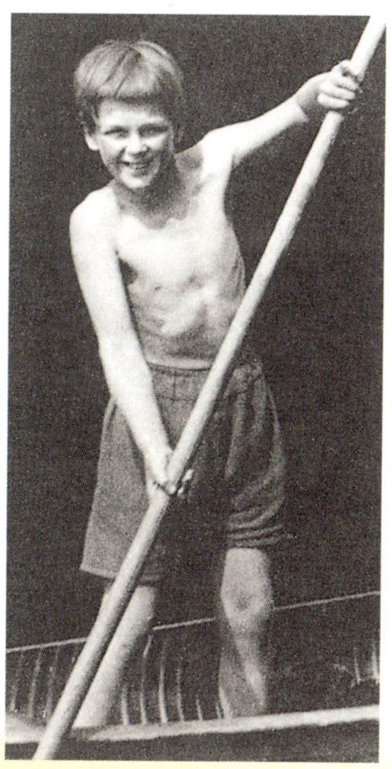

▲ 로버트 스콧의 어린 시절의 모습.

▲ 스콧은 수평선을 바라보며 알지 못하는
세계에 대한 생각에 잠기기도 했어요.

*응시
눈길을 한곳으로 모아 바라봄.

"그래, 앞으로는 걸음을 그렇게 걸어라. 네 동생 보기 부끄럽지
않니? 걸핏하면 사내가 고개를 푹 숙이고 비실비실 뭐 주울 거 없
나 하는 거지 아이 같잖아. 스콧, 내 말이 맞아, 틀려?"

"맞아요."

한바탕 아버지의 꾸지람을 들은 스콧은 슬그머니 집 밖으로 나갔
어요. 그렇다고 마을 아이들과 어울려서 노는 게 아니었답니다.

'나는 형인데, 왜 동생만도 못할까?'

자꾸만 어깨가 움츠러들었어요. 이때 누군가가 해 준 말이 생각
났어요.

'기분이 언짢거나 괴롭거나 슬플 때는 바닷가로 나가서 수평선을
응시*해. 그러면 용기가 솟을 거야.'

스콧은 바닷가를 향해 걸었어요.

황금빛 저녁 노을이 바다에 내려앉아 불타는 듯했어요. 먼 곳에
돛단배 두어 척이 출렁이는 물결 위에 떠 가는 게 보이고, 이따금
바닷새들도 날았지요.

언덕 위에 앉은 스콧은 정신없이 수평선을 응시했어요.

'아무리 바라보아도 마음이 풀리지 않네.'

우울하기만 했어요.

"형, 형……."

동생이 부르는 소리가 들렸어요.

'또 아버지가 나를 찾으시는 거겠지!'

아버지는 동생은 내버려 두고 스콧만 불러놓고 '군인에 대하여'
가르치거나, 사내답지 않은 행동에 대해 꾸지람하기 일쑤였어요.
그 가르침과 꾸지람은 하루에도 몇 차례나 계속됐어요. 때문에 스
콧은 되도록 아버지와 동생의 눈에 띄지 않으려고 밖으로 나돌았습
니다. 스콧은 동생이 부르는데도 못 들은 척했어요.

이때 수평선 위로 붉은 해가 걸렸어요.

'스콧, 용기를 내어라! 너는 내가 바다에서 품어 줄 테니 말야.'

그 붉은 해가 이렇게 말하는 것 같았어요.

'좋아요! 나는 사나이니까요.'

스콧은 마음속으로 이렇게 대답하며 가슴을 쫙 펴고 일어났어요. 이때 스콧은 처음으로 탐험* 항해*의 마음을 품었답니다.

로버트 폴컨 스콧은 1868년 6월 6일, 영국의 데번포트 부근 마을에서 태어났어요. 아버지는 양조업자*였어요.

"우리 집안은 유명한 가문이야."

아버지는 이런 말을 자주 했어요.

사실, 그의 집안은 명예를 존중하는 군인 가문이었어요. 때문에 아버지는 매우 엄격하게 아이들을 교육시켰어요.

스콧이 자라서 철이 들기도 전부터 아버지는 아침 일찍 아이들을 잠에서 깨우곤 했어요.

사람은 부지런해야 하는데, 아침 일찍 일정한 시간에 잠을 깨야 한다는 것이었어요. 어린 스콧은 처음에는 힘들어했지만 차차 일찍 일어나는 습관이 생기게 되었어요.

어느 날, 아버지가 호통을 쳐도 스콧이 일어나지 않았어요.

"왜 오늘은 스스로 일어나지 않니?"

"배가 아파요."

스콧은 핑계를 대었어요. 그러지 않고 우물쭈물하면 영락없이 발가벗겨져서 밖으로 나가 벌을 서기 때문이었지요.

"아프다고?"

아버지는 이렇게 말씀하시고 이내 밖으로 나갔어요.

'아, 됐다!'

사실은 오랜만에 늦잠을 자고 싶었던 거예요. 잠이 안 와서 뜬눈으로 밤을 새우다시피 하다가 새벽녘에 잠이 들었거든요.

▲ 스콧은 어릴 때부터 바다를 보며 탐험가의 꿈을 키웠어요.

얼마 뒤에 밖이 시끌시끌해졌어요.

"자, 어서 들어가서 내 아들 녀석 진찰 좀 해 주게."

아버지가 이웃 마을로 가서 전에 군의관*으로 있었던 후배를 데려온 것이에요.

"스콧이라고 했지? 나이는 다섯 살이고?"

"네."

"여기는 나랑 너랑 둘밖에 없으니까 아무 걱정 말고 내가 묻는 말에 대답해라. 너희 아버지에게 말하지 않을 테니까 말야."

"말해 보세요."

"너, 배가 아픈 게 아니지? 일어나기 싫어서 꾀병을 부린 거지?"

"그걸 어떻게 아세요?"

스콧은 깜짝 놀랐어요.

"나는 말야, 네 몸을 진찰한 게 아니라 네 마음을 진찰했단다. 군대에서 하는 수법대로. 군인들은 아프지도 않으면서 꾀병을 부리는 경우가 많거든."

"실은요, 어젯밤에 잠이 안 와서……."

"푹 자거라. 너희 아버지한테는 푹 자고 나면 아픈 배가 낫는다고 할 테니."

의사가 돌아갔어요.

그런데 스콧이 늦잠에서 깨어나자 아버지가 고함을 쳤어요.

군의관 출신인 아버지의 후배가 스콧이 꾀병 부린 것을 아버지에게 이야기하지는 않았지만 어떻게 아셨는지 눈치를 채셨던 거예요.

"너, 이리 와 봐!"

"왜요, 아버지?"

스콧은 아버지의 얼굴을 똑바로 쳐다보지도 못한 채 기어들어가는 소리로 말했어요. 스콧은 아버지가 너무도 무서웠어요.

"이 아버지는 네 눈만 보면 네 마음을 안다. 너, 일어나기 싫어서

▲ 군인이었던 아버지는 스콧을 매우 엄격하게 키웠어요.

*군의관
군대에서 환자의 진찰·치료·위생에 관한 일을 맡아보는 장교.

▲ 어느 나라 못지않게 엄격한 영국 군인.

배가 아프다고 했지?"

아들의 마음을 넘겨짚은 거였어요.

"네에……."

스콧은 무서운 마음에 사실대로 대답했지요.

"내일 아침부터는 한 시간 더 일찍 일어난다! 네가 꾀병을 부린 벌이다."

이렇게 하여 스콧은 새벽에 일어나게 되었어요. 공연히 꾀병을 부렸다고 후회했지만 이미 엎질러진 물이었지요.

아버지는 또 이렇게 말했어요.

"꾀병을 부리고 늦게 일어날 때마다 한 시간씩 더 일찍 일어나게 하겠다!"

그러니 스콧은 몸이 정말 아파도 제 시간에 일어나지 않을 수 없었어요. 정말로 배가 아픈 날 새벽에 일어난 스콧을 보고, 아버지는 이렇게 칭찬했어요.

"바로 그것이 훌륭한 군인 정신이야."

이처럼 아버지는 아들에게 엄격한 규율*을 가르쳤답니다.

스콧은 건강하게 자랐어요. 아침 일찍 일어나자마자 밖으로 나가 아버지와 체조를 하는 것으로 하루를 시작했어요.

"군인은 바쁘게 움직이기 때문에 아플 틈이 없는 거야."

아버지는 스콧에게 이런 말도 해 주었어요.

그렇지만 스콧은 아버지가 시키는 일만 소극적으로 할 뿐이었어요. 아버지가 화를 내면 쥐구멍으로라도 들어가고 싶은 압박감*을 느꼈지요.

어느 날 밤에는 아버지에게 심한 꾸지람을 듣고 밖으로 나가서 울기도 했어요. 전에도 울다가 아버지에게 들킨 적이 한두 번이 아니었답니다.

그래서 스콧은 아무도 오지 않는 늙은 나무 뒤에 서서 울었지요.

*규율
질서나 제도를 유지하기 위하여 정해 놓은, 행동의 기준이 되는 본보기.

*압박감
내리눌리는 답답한 느낌.

캄캄한 어둠 속에서요.

　그런데 이게 웬일이에요! 나무 뒤에서 스콧의 팔을 덥석 잡는 사람이 있었어요.

　'또 아버지에게 들켰구나!'

스콧은 가슴이 철렁했어요.

"형!"

스콧의 팔을 잡은 사람은 바로 동생이었어요.

"아버지가 나에게 이런 말씀을 하셨어. 형을 사내다운 아들로 교육시키려고 일부러 화낸 척하신다고."

"일부러? 그게 정말이야?"

"응. 아버지가 형이 미워서 걸핏하면 꾸중하시는 게 아니래."

　사실, 동생에게는 아무리 잘못해도 나무라지 않는 아버지가 스콧에게는 조금만 잘못해도 용서하지 않았어요. 그래서 스콧은 아버지가 자기를 미워한다고 생각하고 있었답니다.

"형, 그러니까 아버지가 꾸지람을 하시면 사내답게 '잘못했습니다, 다시는 그러지 않겠어요.' 라고 말해. 우물쭈물하고 피하니까 더 속이 상하신 거야."

스콧은 동생이 진심으로 충고*해 주는 것이 고마웠어요.

　며칠이 지난 뒤에 또 스콧은 아버지에게 불려가서 꾸지람을 받았지요. 그럴 때면 늘 고개를 들지 못하고 벌벌 떨었지만, 이번에는 당당하게 말했어요.

"잘못했습니다, 아버지. 이제 다시는 그러지 않을 테니 용서해 주십시오."

　아버지가 정말로 미워서 꾸지람하는 게 아니라는 것을 알았기 때문이에요.

　그러자 아버지가 빙그레 웃었어요.

"그래, 그렇게 말해야지. 그런 말이 네 입에서 나와 주기를 이 아

비는 얼마나 기다렸는지 모른다. 이 세상에 실수하지 않고 사는
사람이 어디 있니?"

"용서해 주시는 거지요?"

"그렇다마다! 네 동생처럼 씩씩해야 한다."

아버지는 스콧의 손을 꼭 쥐어 주었어요. 그 뒤부터 아버지는 스
콧의 사소한 잘못은 눈감아 주었어요.

스콧은 이제 더 이상 소심한 소년이 아니었어요.

"아버지, 바닷가에 다녀오겠습니다."

혼자 아무 말 없이 바닷가에 나가는 버릇도 고쳤어요. 아버지에
게 말씀 드리고 군인처럼 씩씩하게 걷거나 뛰었어요.

"오! 바다…… "

스콧은 바다를 유난히 사랑했지요.

'진짜 사내라면 바다로 나아가 파도와 싸워 이기며 살아야 해.'

이런 생각도 하게 되었어요.

섬나라 영국은 바다로 둘러싸여 있어서 예로부터 해군이 강했어
요. 외적이 주로 바다로 쳐들어왔기 때문에 배를 잘 만들고, 잘 타
야 했어요. 스콧이 바다를 사랑하게 된 이유 또한 그런 애국 정신에
서 비롯되었지요.

스콧이 열세 살이 되던 해였어요.

아버지가 스콧을 불러 놓고 말했습니다.

"스콧, 우리 집안의 남자는 모두 군인으로 내보낸다는 전통*을 알
고 있겠지?"

"네, 알고 있습니다."

"그러니 너는 해군 유년 사관*학교에 들어가야겠다."

평소에 바다를 무척이나 좋아했던 스콧의 얼굴에 환한 웃음이 떠
올랐어요. 스콧은 의자에서 벌떡 일어나 아버지에게 군인처럼 경례
를 하며 말했어요.

*전통
어떤 집단이나 공동체에서 과거부터 이어
내려오는 사상·관습·행동 등의 양식.

*사관
병사를 거느리는 무관. 장교를 통틀어 일컫
는 말이에요.

▲ 영국의 세계적인 자랑, 넬슨 제독.
미국 독립전쟁과 나폴레옹 전쟁에서 싸워
많은 승리를 거둔 해군 사령관이에요.

"아버지의 명령에 따르겠습니다!"

이때처럼 아버지가 기뻐한 적은 없었어요.

"고맙구나."

아버지가 아들에게 고마움을 표시한 것도 처음이었어요.

"제가 더 고맙습니다!"

"그래. 내가 어릴 때부터 너를 하루에도 몇 번씩 꾸짖은 것은 네가 씩씩한 사나이로 자라나서 우리 군인의 집안을 빛내 주기를 바라서였단다. 너는 잘할 수 있어. 너의 그 소극적인 행동 뒤에는 침착함이 숨어 있다. 사람은 덤비면 큰 일을 못 하지. 그 침착함을 네 정신 기둥으로 삼아라."

"네."

"침착한 사람은 경솔하지 않고 무게가 있어서 좋은 거야. 그 다음에 너를 규율 있게 자라게 한 것, 가령 아침마다 일찍 그 시간에 맞추어 일어나도록 했기 때문에 너는 책임감까지 갖추었다."

"꾀병을 부리고 잠에게 진 적도 몇 번 있었어요, 아버지."

"그래. 누구든지 단잠을 깨기가 힘들지. 그것을 이겨 내는 습관을 들여서 너는 책임감이 강해진 거야. 또 어릴 때부터 내가 너를 자주 부른 것은 민첩하게 행동하는 습관을 들이기 위해서였다. "

뭐니뭐니해도 스콧에게 가장 큰 재산은 건강한 몸이었어요. 열세 살답지 않게 스콧은 매우 숙성*했답니다.

1881년, 스콧은 해군 유년 사관학교에 들어갔어요.

'나는 장차 해군 사관이 될 몸이야.'

스콧은 고된 훈련을 받으며 공부했지요.

무엇보다도 스콧은 어릴 때 아버지에게 단련을 받아서 아침 일찍 잠자리에서 일어나기가 수월했어요. 일정한 시간에 기상* 신호만 울리면, 아무리 깊이 잠들었다가도 벌떡 일어나서 잽싸게 복장을 갖추고 제일 먼저 뛰어나갔어요.

"스콧이 언제나 일등이구나."

교관*은 만족한 웃음을 지었답니다.

어느 날, 스콧은 기상 신호가 울려서 얼른 일어나 시계를 보았어요. 그런데 좀 이상했어요.

'어, 한 시간이나 이르잖아?'

기상 시간보다 한 시간이나 빨리 신호가 울렸는데도 스콧은 기숙사에서 연병장*으로 뛰어나갔어요. 지켜 서 있던 교관이 말했어요.

"역시 스콧이 1등이구나?"

"네! 스콧, 기상해서 집합했습니다."

경례를 하고 난 스콧이 교관에게 물었어요.

"오늘은 왜 한 시간이나 빨리 기상 신호를 울렸습니까?"

순간, 교관은 흠칫하더니 말했어요.

"한 시간 빨리 나오는 생도가 누구누구인지 알아보려고."

연병장에 한 시간 빨리 집합한 유년 생도는 스콧밖에 없었어요. 교관이 스콧의 귀에 속삭였어요.

"사실은 말이다……."

교관이 시계를 잘못 본 것이었어요. 그렇기 때문에 한 시간 빠르게 기상 신호를 울린 거지요. 교관은 스콧에게 미안하다고 사과하면서, 들어가서 좀더 자라고 했어요.

하지만 스콧은 교관에게 이렇게 말했어요.

"교관님께서 실수하셨으니, 저하고 한 시간 동안 대화하는 벌을 받으세요."

"좋아, 좋아! 하하하."

이렇게 하여 스콧은 그 교관과 여러 가지 이야기를 하여 친해지게 되었답니다.

▲ 로버트 스콧.

* 교관
군대에서 교육을 맡은 관리.

* 연병장
군인들이 훈련을 받는 운동장.

나이 어린 사관생도

어느 날, 바다에서 훈련시키는 교관이 명령했어요.
"모두 집합!"
스콧은 재빨리 연병장으로 나갔어요. 생도들이 먼저 도착한 순서대로 길게 늘어섰지요.
기상 때와는 달리, 긴급 집합 때는 스콧이 아무리 빨리 움직여도 맨 앞에 서지는 못했으나, 그래도 앞에서부터 열 명 가운데는 끼었어요.

"행군!"
모두 어디로 가는지도 모른 채 교관이 지시하는 방향으로 군가를 부르며 나아갔어요. 스콧은 한동안 행진을 하다가 기쁜 마음이 솟았답니다.

'바다로 가는구나!'

유년 사관학교에 들어온 후 처음으로 바닷가에 가 보는 것이어서, 스콧은 마치 집으로 돌아가는 것만큼이나 즐거웠어요.

그런데 이게 웬일입니까! 바닷가는 틀림없는 바닷가인데, 교관이 바위 절벽 위로 생도들을 데리고 간 것이었어요.

"너희는 죽을지도 모른다."

교관의 말에 생도들이 모두 놀라 겁먹은 얼굴로 서로를 쳐다보았어요.

'죽을지도 몰라?'

스콧은 가슴이 두근거렸어요. 바다가 바라보이는 바위 절벽 위로 올라간 생도들은 그 아래로 출렁이는 파도를 굽어보았어요.

"으으으……."

바위 절벽은 10미터 정도의 높이였지만, 그 낭떠러지 끝에 물살이 세차게 흐르는 검푸른 바닷물은 마치 괴물 같

앉어요.

그때 교관이 명령했어요.

"차례차례 저 바닷물에 뛰어든다!"

그러다가 헤엄을 치지 못하고 물살에 떠내려가면 죽을지도 모른다고 겁을 준 거예요. 슬슬 뒤로 도망가는 생도들도 있었어요.

스콧은 검푸른 파도가 넘실거리는 바닷물을 굽어보며 옷을 벗었어요.

"뛰어들 때 '어머니' 하고 외쳐라. 그러면 무섭지 않을 거야."

교관이 말했어요.

"왜 어머니를 부릅니까?"

스콧이 옷을 벗고 물었어요.

"바다는 해군에게 어머니 같은 존재니까."

이미 어릴 적부터 바다와 친한 스콧이었어요. 다이빙*을 해 가며 바닷물에 뛰어들어서 헤엄을 치고 놀았거든요.

다른 아이 몇 명이 차례로 절벽 위에서 바닷물에 다이빙을 했어요. 그 아이들은 바닷가의 마을에서 살아서 그런 것쯤은 아무렇지도 않았지요. '첨벙' 소리가 나면, 그 아이들은 익숙한 솜씨로 헤엄을 쳐 나왔어요.

스콧의 차례가 되었어요.

그런 높이에서 다이빙을 하는 것은 처음이었으나 '어머니'를 외치며 두 눈을 딱 감고 해냈어요. 그런데 아무리 헤엄을 치려고 해도 몸이 자꾸만 물 속으로 가라앉기만 했어요.

"앗, 위험해요!"

"스콧이 바다에 빠져 죽게 생겼어요. 떠오르지 않아요."

절벽에서 생도들이 외치는 소리가 들렸어요.

스콧은 정신을 바싹 차렸어요.

갑자기 바닷속에서 시커먼 괴물이 보였어요.

* 다이빙
수영에서, 높은 곳에서 뛰어 머리를 먼저 물 속에 잠기게 하여 들어가는 일을 겨루는 경기를 말해요.

▲ 스콧은 해군 유년 사관학교에서의 다이빙 훈련을 훌륭하게 마쳤어요.

'나는 죽었다.'

이런 생각이 들자 몸이 위로 더욱 솟구쳐지지 않고 자꾸만 아래로만 빨려들어갔어요. 그동안에도 다른 생도들이 차례로 풍덩풍덩 뛰어들어서 헤엄을 쳤어요.

헤엄을 치지 못하고 바닷속으로 빨려드는 생도들도 두어 명이 있었어요.

"자신이 없는 생도는 도망가지 말고 가만히 있어도 된다."

절벽 위에서 교관은 이렇게 말하더니 작은 깃발을 흔들었어요.

깜박 정신을 잃었다가 눈을 떠 보니 스콧이 다른 두어 명의 생도와 함께 바닷가에 뉘어져 있었어요.

'어, 이게 뭐야?'

바닷가에는 물 속으로 빨려든 생도들과 함께 그물이 펼쳐져 있었어요.

아까 깃발을 흔든 것은 이미 그물을 쳐 놓고 숨어 있던 해군들에게 신호를 한 거였어요. 바닷속으로 가라앉아 가만히 놔두면 죽을 것 같은 어린 생도들을 해군 병사들이 건져 올린 것이지요.

"우리가 뛰어든 저 바닷속에 시커먼 괴물이 잔뜩 웅크리고 있었어요."

스콧이 교관에게 말했어요.

"정말이에요, 저도 보았어요."

다른 생도 한 명도 괴물을 보았다고 말했어요.

"그렇다면 오늘은 이만 돌아가고, 다음에 와서 그 괴물을 확인하도록."

교관은 생도들을 이끌고 학교로 행군하기 시작했어요. 바닷속에 뛰어든 생도는 점수가 올라가고 도망친 생도는 점수가 깎였어요.

그것은 알고 보니 생도들의 시험이었답니다.

며칠 뒤, 다시 절벽 위에서 바닷물에 뛰어드는 훈련을 받게 되었

어요. 이때는 물 속에 그물을 설치해 놓아서 죽지 않는다는 것을 알
고 있었기 때문에 너도나도 안심하고 다이빙을 했어요.

"저는 바닷속 괴물의 정체를 알아보겠습니다."

스콧이 말하자 교관은 맨 나중에 들어가 보라고 했어요.

다이빙하여 바닷속에 들어간 스콧은 수심*이 깊어서 헤엄쳐 들어
가는 데에 힘이 들었지요. 숨이 가빴어요. 그래도 시커먼 괴물의 정
체가 무엇인지 확인해 보려고 자꾸만 아래로 내려갔어요.

순간 얼마 전에 보았던 그 괴물이 입을 딱 벌렸어요.

놀란 스콧은 숨이 가빠지면서 또다시 정신을 잃었어요.

얼마 뒤에 스콧은 물 위로 떠올랐지요. 다이빙할 때 미리 줄을 허
리에 매었기 때문에 위로 당겨 올라간 것이었어요.

"스콧, 정신이 드는가?"

교관이 물었어요.

"네에……."

"물 속에 있는 괴물을 살펴보았는가?"

"제가 접근하니까 입을 딱 벌렸어요. 그 다음은 생각이 나지 않습
니다."

"그럼 다음에 또 확인하도록."

"아닙니다! 당장 다시 들어가서 확인하겠습니다."

스콧이 말했으나 교관은 위험하다고 말렸어요. 그와 동시에 생도
들의 안전을 위해 그물을 쳐 놓고 숨어 있던 해군들이 나타났어요.

스콧의 말을 들은 해군들은 껄껄 웃고 나서 말했어요.

"그건 괴물이 아니라 바로 우리들이었단다."

"네?"

"우리 일행 중에 두세 명이 한 조가 되어 그물 밑의 바닷속에 들
어가 있었던 거야. 혹시 그물이 찢어져서 너희들이 목숨을 잃을
까 봐 미리 바닷속에 들어가 있었지."

▲ 아무리 높은 해안 절벽이라 할지라도
스콧의 모험심을 막지 못했어요.

스콧은 깜짝 놀랐어요.

"어떻게 그렇게 깊은 바닷속에 들어가서 오랫동안 가만히 있을 수 있어요?"

"그러니까 우리는 세계 최고의 영국 해군이지. 그까짓 잠수쯤이야 보통이지 뭐."

스콧은 이때처럼 해군 병사가 위대하게 보인 적이 없었답니다. 그들과도 친해진 스콧은 바닷속의 세계에 대한 흥미로운 이야기를 많이 들었어요.

'나도 알 수 없는 미지*의 세계를 탐험해 보아야겠다!'

바닷속뿐 아니라 이 세상에는 아직 사람들에게 알려지지 않은 것이 너무나도 많았어요.

스콧의 탐험 정신은 점점 더 자라났어요.

해군 유년 사관학교에서는 이따금 생도들에게 휴가를 주었어요.

"집에 가서 엄마 젖이나 실컷 먹고 와라."

교관이 어린 생도들에게 우스갯소리를 했어요.

다른 생도들은 모두 좋아서 집으로 갔으나, 스콧만은 집에 가지 않았어요.

읽고 싶은 책이 너무나도 많았던 스콧은 도서실에서 아예 살다시피 했어요.

'우선 독서로 미지의 세계를 알자.'

그는 먼저 과학책을 읽었어요.

'이건 바닷속에 관한 거구나.'

그 책에는 이런 이야기가 있었어요. 즉, '바닷속에는 침몰*한 해적선도 있다.' 는 거였어요.

보물을 잔뜩 싣고 항해하다가 풍랑*을 만나면 해적들은 탈출을 하지만 배는 바닷속에 가라앉는다는 거였지요.

'바닷속 탐험을 해 봐야지.'

*잠수
물 속으로 들어감.

*미지
아직 알지 못함.

*침몰
물 속에 가라앉음.

*풍랑
바람과 물결.

스콧은 잠수법을 배우기 위해 휴가 때마다 잠수를 전문으로 하는 해군 아저씨들을 만났어요.

"너는 아직 어려서 안 돼."

처음에는 이렇게 말하던 해군 아저씨들이 나중에는 장비를 준비해 주면서 함께 잠수해 보자고 했어요.

친절한 해군 아저씨들은 잠수복도 작게 만들고, 산소통도 작은 것을 준비했어요. 헬멧도 제일 작은 것을 쓰게 했지요.

그렇게 해군 아저씨들과 바닷속에 잠수하는 것이 스콧에게는 제일 즐거운 시간이었어요.

유년 사관학교에 다니다 보면 잠수 훈련도 받는다고 했지만, 그때까지 기다릴 수가 없었어요.

'와아, 바닷속 세상은 참 아름답구나!'

갖가지 해초와 물고기가 있는 바닷속 풍경은 정말 신기하고 아름다웠어요. 그렇지만 책에서 읽은 것과 같은 침몰한 해적선은 발견

▲ 두려움 없이 잠수 훈련을 하는 스콧.

하지 못했답니다.

유년 사관학교에서 배도 타 보았어요.

스콧이 탄 배는 주로 소형 함정*이었지요. 큰 함선은 아니었지만, 속도가 빨라서 바다 위를 마구 달리는 게 신이 났어요.

"나한테는 작은 배가 어울려."

함정의 운항법도 다른 생도들보다 빨리 익혔어요.

한번은 소형 함정을 타고 달리던 스콧이 놀라 기절할 뻔했어요.

'아앗, 암초*다!'

부딪치면 그야말로 함정이 박살 날 것이 뻔했지요. 스콧은 그 암초를 아슬아슬하게 피했어요. 온몸에 식은땀이 흘렀어요.

'빠를수록 위험이 크구나.'

이런 항해의 진리도 이때 깨달았어요.

휴가 때가 되어도 집에 잘 오지 않자, 아버지가 유년 사관학교로 찾아왔어요.

'옳지, 저 상급 학년 생도에게 물어 봐야지.'

아버지는 마침 지나가는 사관 생도를 불렀어요. 그런데 그 생도가 이쪽으로 달려오며 소리쳤어요.

"아버지!"

"어? 아니, 이게 누구야?"

"예, 스콧입니다!"

"네가 이토록 몰라보게 자라다니……."

아버지는 감격스러워 아들을 얼싸안았어요.

"아버지, 제가 육지에 다니는 배를 태워 드릴게요."

"육지에 다니는 배도 다 있나?"

"아버지가 만들어 주신 배예요."

"뭐? 그게 무슨 배인데?"

아버지는 궁금해서 물었어요.

▲ 스콧은 바다에서 암초를 만나 항해의 진리를 깨달았어요.

▲해군이 되고 계급이 올라가면서 스콧의 남극 탐험의 꿈은 더욱 커져 갔어요.

* 수뢰정
적의 함정을 수뢰로 공격해서 격침시키는 것을 주요 임무로 하는 소형 쾌속 함정.

* 진급
계급, 등급, 학년 따위가 올라감.

"이게 아버지가 만들어 주신 배잖아요."

스콧은 자신의 배를 불룩 내밀어 보였어요. 아버지는 그제야 아들의 농담을 알아듣고는 유쾌하게 웃었어요.

스콧은 아버지를 업고 연병장을 한 바퀴 천천히 돌았어요. 그리고 집안 소식을 물었어요. 아버지는 아들의 학교 생활에 대해 이것저것 물었어요.

유년 사관학교를 다니며 엄한 훈련을 받은 스콧은 1887년에 해군 사관이 되었어요.

'아, 내가 사관학교를 무사히 마치다니……'

스콧은 지난 세월이 꿈만 같았지요.

해군 장교가 된 스콧은 수뢰정*을 탔어요.

스콧은 아주 좋은 사람을 만났어요.

"나는 머컴이라고 하오."

같은 배에서 일하는 동료였고 지리학자이기도 했어요.

"나의 꿈은 남극 탐험이라오."

머컴이 말했어요.

"탐험가가 되겠다고요?"

스콧은 가슴이 설레었어요.

"그렇소."

머컴은 남극 탐험 계획을 세우고 있었어요. 그런 그는 스콧을 보자마자 이런 생각을 했어요.

'저런 사람을 탐험대를 이끄는 대장으로 삼는다면 참 좋겠다.'

머컴과 스콧은 만나기만 하면 남극 탐험 얘기만 했지요.

'미지의 세계, 남극!'

스콧도 남극에 대해 대단한 관심을 가졌어요.

항상 침착한 태도와 민첩한 행동을 하는 스콧은 뛰어나지는 않았으나, 성실해서 1892년 해군 소령으로 진급*했어요.

그런 중에서도 스콧은 머컴을 계속 만났어요.

"남극 탐험 계획은 잘 돼 가오?"

"좀처럼 나아지지 않소만 기다려 봐야지요."

머컴 또한 신중*하고 믿음직스러운 남자였어요. 그 뒤로는 웬일   *신중
인지 머컴을 만날 수가 없어서 스콧은 궁금했어요.   매우 조심스러움.

어느 날, 휴가를 받아서 집으로 간 스콧은 깜짝 놀랐어요.

"아버지, 어디가 편찮으세요?"

고개를 푹 숙인 아버지는 한숨을 쉬며 말했어요.

"사업에 실패했단다."

때문에 집안이 가난하기 이루 말할 수 없었어요. 또, 그토록 명랑
하던 동생은 저 세상으로 떠나가고 말았어요.

집안에는 어두운 그림자가 잔뜩 드리워져 있었답니다.

'아, 이렇게 슬픈 일도 다 있는가?'

스콧은 이제 휴가를 가도 마음 편하게 쉴 수도 없게 되었어요.

1899년 어느 날, 스콧은 우울한 마음을 달랠 길이 없어서 런던의 버킹엄 궁전 앞길을 혼자 거닐었어요. 이때 앞에서 마주 오던 사람이 외쳤어요.

"이게 누구요? 스콧 씨 아니오?"

"머컴 씨! 이게 얼마 만인가요?"

두 사람은 우연히 길에서 만나 반가워 어쩔 줄 몰라했답니다.

"그렇지 않아도 당신을 만나 보고 싶었소. 의논할 일이 있으니, 우리 집으로 갑시다."

머컴은 스콧의 손을 잡아 끌었어요.

"무슨 일인데요?"

"가서 이야기합시다."

머컴은 스콧을 데리고 자기 집으로 가더니 이렇게 말했어요.

"스콧 씨, 우리 왕립지리학회*에서 당신을 남극 탐험대의 대장으로 삼을까 하고 있소. 당신 생각은 어떻소?"

▲ 남극(왼쪽)의 모습과, 탐험대장이 된 후의 스콧과 탐험대 일행.

"남극 탐험대 대장이라고요?"

"그렇소! 나는 대장 직책을 수행할 능력이 모자라서 그러오."

남극 탐험에 필요한 모든 준비는 끝났는데, 마땅한 탐험 대장이 없어서 고민이라는 것이었어요.

"나는 모든 게 서툴러서 중요한 일은 아직 맡을 수 없습니다."

"아니오! 당신은 우리가 찾고 있는 탐험대 대장감이오. 전에 우리가 같은 배에서 함께 근무할 때부터 나는 줄곧 당신을 눈여겨 보아 왔소."

"나도 탐험에 대한 흥미는 누구보다 높지만……."

"당신은 탐험 대장으로 지녀야 할 모든 자격을 두루 갖추었소. 누구보다도 일처리가 신중하고 빠르고……. 그러니 우리 왕립지리학회의 부탁을 들어 주시오."

스콧은 머컴의 간절한 권유를 뿌리칠 수가 없었어요.

왕립지리학회는 영국과 스웨덴, 독일 세 나라에서 각각 탐험대를 보낼 계획을 세워 놓고 있었어요. 영국은 두꺼운 얼음으로 뒤덮인 남극 대륙의 지질 상태를 조사하고 연구하기로 했어요.

탐험대 대장이 되어

▲ 남극 탐험을 위해 출항한 디스커버리 호의 위풍당당한 모습.

*건조
배를 새로 만듦.

*범선
돛단배.

*섀클턴(1874~1922)
남극 정복을 시도한 영국의 남극 탐험가. 섀클턴의 활약에 자극을 받은 스콧이 최후의 남극 탐험에 나서게 되지요.

"스콧 씨, 잘 부탁하오."

머컴이 악수를 청하고 스콧은 그의 손을 굳게 잡았어요.

"내 힘이 미치는 대로 힘껏 해 보겠습니다."

두 사람은 남극 탐험에 대한 마음을 합쳤답니다.

드디어 왕립지리학회가 앞장서서 탐험대를 조직하였어요. 탐험대 인원은 해군 사관생과 해군과 과학자로 이루어졌는데, 총 인원은 50명이었지요.

"배는 새로 건조*하였소."

머컴이 스콧에게 말했어요.

"몇 톤급인가요?"

"485톤입니다."

"예, 아주 좋군요."

그 배의 이름은 '디스커버리 호'였어요.

디스커버리 호는 항구에서 출항의 날만 기다렸어요. 이 범선*에는 유명한 사람들이 많이 탔어요. 그 중에는 스콧과 평소에 친구로 가까이 지내던 윌슨 박사도 끼어 있고 섀클턴* 중위도 있었지요.

윌슨 박사는 과학자이고, 섀클턴은 뒷날 남극 탐험에 대해 국민의 관심을 불러일으킨 사람이에요.

"출항 전에 준비를 단단히 하시오."

스콧은 배 안을 살펴보았어요.

"대장님, 떠나기만 하면 됩니다!"

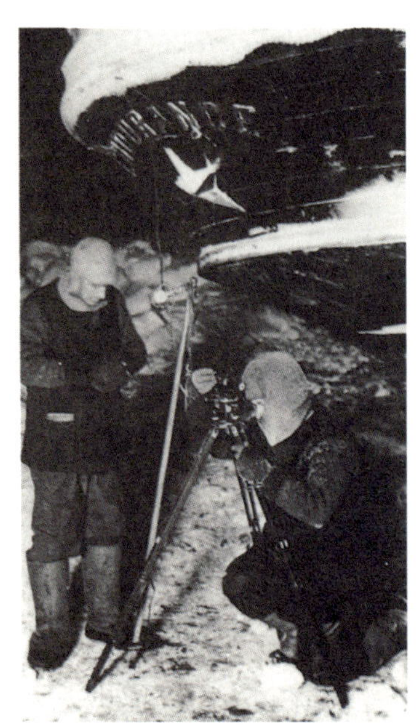

▲ 남극 탐험을 준비하는 스콧의 모습.

"모든 게 다 갖추어졌습니다."

선원들이 말했어요.

"자, 출항!"

1901년 7월, 스콧은 남극 탐험선인 디스커버리 호를 타고 영국을 출발했어요. 스콧은 좀처럼 흥분이 가라앉질 않았어요.

'아, 내가 남극 탐험을 하다니……'

19세기 말부터 20세기에 걸쳐 세계의 유명한 탐험가들은 남극과 북극의 정복에 대단한 꿈을 안고 서로 다투어 가며 항해를 했습니다. 스콧도 그 중의 한 사람이었어요.

"배가 순조롭게 나아가고 있습니다."

간간이 좋은 보고가 들어왔어요.

"잘 될 거요."

스콧은 자신만만했지요.

남극 탐험선 디스커버리 호는 영국을 출발하여 순조로운 항해를 한 끝에, 8월 6일에는 뉴질랜드를 거쳐 이듬해인 1902년 1월 8일에 로스 해의 로스 섬에 닻을 내렸어요.

"어서 기지＊를 만듭시다."

스콧이 말했어요.

이제 겨울을 나야 했기 때문에 스콧은 북쪽의 양지바른 곳에 탐험 기지를 만들어서 배와 선원들을 쉬게 했어요.

"이렇게 모두 겨울을 나는 게 좋겠소."

스콧이 내린 판단이었어요.

사실, 처음 계획은 좀 달랐어요. 정예 탐험 대원만을 남기고, 모두 디스커버리 호에 태워 뉴질랜드로 돌려보내려고 했지요. 그러던 것

36

이 바닷물이 얼어도 배를 내버려 두면 무사히 겨울을 날 수 있다는 것을 알았어요.

전 대원 50명은 배와 함께 겨울을 나게 되자 사기가 높아졌어요.

"스콧 대장님이 있는 한, 우리는 아무 걱정을 하지 않아도 돼."

"아무렴, 얼마나 꼼꼼한 해군 장교인데……."

모두 한 마음 한 뜻으로 똘똘 뭉쳤답니다.

'보람 있게 이곳에서 겨울을 날 수는 없을까?'

부지런한 스콧은 곰곰 생각했어요.

'옳지! 남극의 기상* 상태를 알아보자.'

탐험에서 가장 중요한 것은 기상 상태였거든요.

"윌슨 박사, 1인승 관측*용 기구를 타고 남극의 기상 관측을 하려고 하는데, 어떻게 생각하는가?"

스콧이 자신의 계획을 말했어요.

"좋지만 위험해서……."

"하하하, 탐험 자체가 위험한 것이지. 우리가 위험을 무릅쓰고 여기까지 와서 겨울을 나는 게 아닌가."

윌슨 박사도 스콧의 계획을 신중하게 생각한 뒤 찬성했어요.

한 사람밖에 탈 수 없는 1인승 관측용 기구는 매우 위험했어요. 기구를 타고 하늘 높이 올라갔다가 세찬 바람이라도 만나면 큰일이었지요.

"무엇보다도 살인적인 추위가 문제야."

또 윌슨 박사가 걱정했어요.

"걱정하지 않아도 되네."

스콧은 바람이 없고 날씨가 맑은 날을 택하여 드디어 1인승 관측용 기구를 타고 200미터 상공*으로 올라갔어요.

"와, 굉장히 멋있군!"

▲ 스콧과 함께 남극 탐험에 나선 섀클턴 중위.

*기상
바람, 구름, 비, 눈, 더위, 추위 등 대기 속에서 일어나는 현상을 통틀어 이르는 말.

*관측
눈이나 기계로 자연 현상, 특히 천체와 기상의 상태나 변화를 관찰하는 일.

*상공
높은 하늘.

▲ 추운 남극 지방을 이동하기 위해서는
썰매개가 꼭 필요하답니다.

* 탄성
몹시 감탄하는 소리.

▲ 스콧이 사용했던 방한 장비.

스콧은 저도 모르게 탄성*을 질렀어요. 끝없는 남극의 눈 벌판이 펼쳐졌기 때문이에요. 관측은 매우 순조로웠어요. 이로써 스콧은 1인승 관측용 기구를 타고 하늘로 올라가 남극의 상공을 비행한 최초의 탐험가가 되었답니다.

"역시 대단하네. 나는 조마조마했는데……."

윌슨 박사가 칭찬했어요.

"아닌 게 아니라, 나도 기구를 타고 한없이 어디론가 날아가 버리면 어떡하나 하고 걱정이 되더군."

스콧은 빙긋 웃었어요.

"자네가 훈련받은 바다와는 또 다르겠지?"

"얼음이 뒤덮인 곳이니까."

두 사람은 빈틈 없는 탐험 계획을 세워 나갔어요.

스콧이 침착하게 탐험 계획을 세워 나가는 동안 남극의 겨울도 물러가고 어느덧 여름이 찾아왔어요.

"이제 본격적인 탐험의 계절이 찾아왔군."

"곧 탐험의 길에 올라야지."

스콧과 윌슨 박사와 섀클턴 중위는 만반의 준비를 서둘렀어요.

"썰매를 튼튼하게 해야지요."

"그것을 끄는 개들의 건강 상태는 어떻습니까?"

썰매도 문제지만, 그것을 끄는 개들이 여간 중요한 게 아니었어요. 18마리나 썰매에 매어 끌게 하려니까 신경이 온통 개에게 쏠렸어요. 어느 날, 개 한 마리가 보이지 않자 스콧은 정신이 번쩍 났어요.

"개 한 마리가 도망친 것 같네!"

스콧이 윌슨 박사에게 말했어요.

"한 마리라도 없어지면 안 되니까 어서 찾아보자구."

스콧과 윌슨 박사가 주위를 돌아다녀 보았으나 어디에도 개는 없었어요. 두 사람은 힘이 쭉 빠졌지요.

그때 새클턴 중위가 그 개를 안고 이쪽으로 오고 있었어요.

"아, 새클턴 중위가 데리고 있었군."

스콧은 반가워했으나 이내 낯빛이 어두워졌어요.

"이 개가 뒷다리 하나를 절룩거립니다."

새클턴 중위가 말했어요.

그 개는 낭떠러지에서 떨어져 뒷다리를 다친 것이었어요. 그 상태로는 도저히 썰매를 끌 수가 없었지요.

"다리를 심하게 접니까?"

"불을 지펴서 물을 끓이고 더운 물을 헝겊에 적셔서 찜질을 해 주었더니 아까보다는 많이 좋아졌습니다."

"그럼 계속 찜질을 해 보시오."

스콧은 그 개가 나을 때까지 출발 날짜를 미루기로 했어요.

새클턴 중위는 개의 뒷다리를 계속해서 찜질해 주었어요. 앞장서

서 다른 개들을 이끄는 개였기 때문에 서둘러
고쳐야 했던 것이지요.

　'그 개가 어서 빨리 달릴 수 있어야 할 텐
데…….'

　스콧은 걱정이 되었어요. 앞장서서 가는 우두
머리 개가 맨 앞에서 잘 달려 주어야 썰매가 잘
나아갈 것이고, 그래야 탐험이 순조롭기 때문이
지요.

　어느 날 밤에는 스콧이 그 개를 껴안고 자면서
개에게 이렇게 말했지요.

　"빨리 다리가 나아서 우리 썰매를 끌어 주렴."

　개는 그 말을 알아듣기나 한 것처럼 낑낑거렸어요.

　여러 사람의 간호와 정성에 힘입어 개의 상태가 많이 좋아졌어
요. 이제 출발 날짜를 정할 수 있게 되었어요.

　11월 1일, 스콧은 남극 탐험의 출발 예정일을 하루 앞두고 대원들을
모아놓고 이런 말을 했어요.

　"중요한 탐사 여행을 떠나기에 앞서, 무엇보다 자신의 건강을 잘
챙겨야겠습니다. 그리고 서로 힘을 합해 사고를 방지합시다."

　그들은 탐험의 성공을 비는 간단한 파티를 열었어요.

　이튿날인 11월 2일, 스콧과 윌슨 박사와 새클턴 중위 세 사람은
18마리의 개가 끄는 썰매를 탔어요. 바야흐로 남극을 향한 탐험길
에 오른 거예요. 개들이 원기 왕성*하게 썰매를 끄는 것을 보고 스
콧은 마음이 놓였어요.

　"목적지는 남극점*입니다."

　스콧은 이렇게 외치고 개들이 속력을 내도록 했어요. 다리를 다
쳤다가 완전히 나은 우두머리 개가 신호를 알아듣고 맨 앞에서 힘
차게 달렸어요.

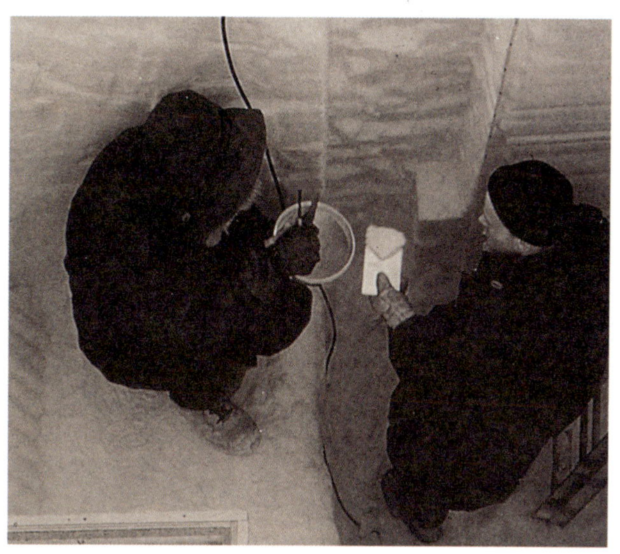

▲ 남극 탐험 계획에 대해 진지하게 토론
하고 있는 스콧과 윌슨 박사.

* 원기 왕성
마음과 몸의 활동력이 가장 좋은 상태를 말
해요.

* 남극점
지구 자전축의 남단, 남위 90도 지점. 해발
2,800m의 빙원 위에 있어요.

'남극점 도달!'

세 사람은 이 목적 달성을 위한 생각밖에 없었지요.

추위 속을 뚫고 전진하는 것은 여간 어려운 일이 아니었습니다.

개들은 남쪽으로 남쪽으로 내달았어요. 스콧의 지휘 아래 썰매는

59일 동안 달렸어요.

"우리가 벌써 기지에서 600킬로미터나 전진했소."

스콧은 감격했지요.

  그 해 12월 30일, 세 사람이 썰매를 타고 달린 자신들의 위치를
조사해 보았어요.

  "남위 79도 38분, 동경 169도 15분이오!"

  세 사람은 흥분을 감추지 못했답니다. 이 기록은 그때까지 인간
이 남쪽으로 가장 멀리 도달한 최초의 일이었거든요.

  "우리는 지금 남극 내륙 깊숙이 들어와 있소."

  스콧이 말했어요.

  이제 그들은 영국을 떠난 후 두 번째의 겨울을 맞았어요.

  "내륙 깊숙이 좀더 들어가 봅시다."

  "그럽시다."

  그들은 여러 차례 탐사 활동을 벌이다가 '에드워드 7세 고원'을
발견했어요.

  "여러 가지 조건이 안 좋아서 남극점 정복은 뒷날로 미루어야 될
것 같소."

  스콧이 말했어요.

  1904년 4월 1일, 그들은 영국으로 돌아갔어요. 남극 탐험에 나
선 지 2년 반 만의 일이었답니다. 국민들과 왕립지리학회 회원들은
이들을 대대적으로 환영했어요.

  "수고 많으셨습니다!"

▲ 제1차 남극 탐험에서 성공한 뒤 아내와 밝게 웃으며 사진을 찍은 스콧.

사람들은 스콧에게 몰려들어 여러 가지 궁금한 점들을 물었어요.

"그토록 추운 곳에 가서 어떻게 견뎠나요?"

"서서 오줌만 누어도 오줌 줄기가 그대로 얼어붙는다던데……."

스콧은 만나는 사람들에게 탐험 이야기를 해 주느라고 진땀을 뺐어요.

영국에서 스콧에 대한 인상은 매우 좋았어요. 그는 어디를 가나 사람들에게 존경을 받았지요. 비록 남극점에 도달하려는 목표를 포기하고 돌아왔으나, 그 성과는 대단한 것이었어요. 이것이 스콧의 제1차 남극 탐험으로 기록되었어요.

'제1치 남극 탐험을 거울 삼아 계획을 좀 더 세밀하게 세우고, 적당한 기회를 봐서 제2차 남극 탐험을 해야지.'

그리하여 남극점을 꼭 탐험하기로 스콧은 결심했어요.

어느 날, 스콧은 친구에게 이런 소식을 들었어요.

"자네와 함께 탐험을 하러 간 새클턴 중위는 따로 탐험대를 조직해서 남극점에서 불과 165킬로미터 떨어진 곳에 도달했다네."

"그래? 축하해 줄 일이군."

말은 이렇게 했지만 마음이 초조해졌어요.

'남극점에는 내가 제일 먼저 도달해야 하는데…….'

무슨 일이나 그렇듯이 탐험 또한 경쟁이 심했지요. 누가 먼저 발자국을 찍느냐에 따라 성공과 실패가 좌우되거든요.

1909년, 스콧은 해군 대령으로 승진했답니다.

'탐험을 다시 하자!'

스콧은 발벗고 나서서 제2차 남극 탐험 계획을 세웠어요. 그러자면 충분한 자금이 있어야만 했어요. 이 무렵, 유럽에서는 곧 전쟁이

Antartica

일어날 거라는 소문이 퍼져 있었어요. 스콧이 탐험을 나서기에 좋
은 시기가 아니었지요. 뿐만 아니라, 정부는 전쟁에 대비하여 무기
를 마련하는 데 많은 돈을 쓰고 있는 형편이었어요.

'어떻게 할까?'

망설이던 스콧은 〈타임스〉 신문에 자신의 탐험 계획을 알리는 글
을 실었어요. 그 반응은 매우 좋았어요.

"스콧이 탐험을 할 수 있게 도와주어야 한다!"

이리하여 스콧은 용감하게 계획을 밀고 나갔지요.

"여러분! 저에게 다시 한 번 남극 탐험의 기회를 주십시오."

스콧은 국민들에게 협조를 얻기 위해 전국을 돌아다니며 자금을
마련하고 정부의 도움을 받았어요. 그리고 함께 탐험에 나설 대원
도 모집했지요.

"나와 함께 사나이답게 남극 탐험에 나설 젊은이들은 모이시오!"

스콧을 따라 대원으로 가겠다는 젊은이들이 속속 모여들었어요.

"우리 정부는 스콧의 제2차 탐험 계획을 후원 사업으로 밀어주기
로 이미 결정했습니다. 많은 도움과 격려를 바랍니다."

정부에서도 적극 밀어주어서 스콧의 탐험 계획은 순조롭게 이루어졌어요. 스콧이 자신의 계획을 밝혔어요.

"저는 이번 탐험에서 로스 해 부근 산악 지대*의 지질 탐사와 기상 상태를 조사하겠습니다. 물론 최대의 목표는 남극점 정복입니다."

스콧은 탐험에 필요한 배를 비롯하여 많은 장비를 마련했어요.

어느 때는 여자 아이들이 찾아와서 장갑을 내놓았어요.

"너희가 샀니?"

스콧이 물었어요.

"아니요. 우리가 돈을 모아 털실을 사서 짠 거예요."

"어이구, 이거 아주 귀한 선물이구나! 나는 돌아올 때 무슨 선물을 줄까?"

"저희는 선물을 바라지 않아요! 꼭 남극점에 도달하고 오시기만 빌겠어요."

"그래, 고맙다!"

또 어느 아주머니는 털양말을 짜 가지고 와서는 스콧에게 주며 탐험을 격려했어요.

스콧이 그 아주머니에게 약속하듯이 말했어요.

"남극점에 도달하면 꼭 이 양말로 갈아 신겠습니다."

이 밖에도 스콧에게 물품으로 격려하는 사람들도 많았어요. 스콧은 그 어느 때보다 의욕이 넘쳐났어요.

"이번에는 꼭 성공할 거요."

"준비를 세밀히 했고 경험도 쌓았으니까 잘 될 거네."

주변 사람들과 친구들 또한 스콧을 격려해 주었어요.

'그래, 가자! 남극으로……'

스콧은 마음속으로 힘차게 부르짖었습니다.

▲ 영국의 자부심이 된 스콧.

제2차 남극 탐험의 길

▲ 로버트 피어리(1856~1920)
인류 최초로 북극점에 도달한 미국의 탐험가, 군인. 피어리의 북극 탐험은 에스키모 인들의 여행 방법을 철저히 실행하여 성공할 수 있었다고 해요.

1909년 6월 1일, 스콧은 제2차 남극 탐험의 길에 올랐어요. 스콧이 탄 테라노바 호는 옛 고래잡이 배였어요.

선원은 모두 65명인데, 이 중에서 50명은 해군이었어요. 또 이 배에는 조랑말 17필, 개 30마리, 썰매 세 대도 실었어요.

"항해가 순조롭군."

스콧은 만족했지요.

테라노바 호는 이듬해인 1910년 여름에 오스트레일리아의 멜버른 항구에 닿았어요.

이때 스콧은 뜻밖의 전보를 받았어요.

그것은 아문센이 보낸 것이었어요.

남극으로 감. 마데이라에서 아문센.

이로써 남극점에 도달하기 위한 두 탐험대의 경쟁이 시작되었습니다.

"누가 먼저 남극점에 도달할까? 스콧일까, 아문센일까?"

세계인의 관심이 일제히 남극으로 쏠렸어요.

노르웨이의 탐험가인 아문센은 1910년 8월, 프람 호를 타고 남극 탐험에 나섰어요. 처음에는 난센* 박사의 도움으로 북극점에 도달할 계획을 세웠지요. 그러던 중 1909년, 미국의 로버트 피어리가 먼저 북극점에 도달했어요.

* 난센(1861~1930)
노르웨이의 북극 탐험가, 동물학자, 정치가. 1888년 최초로 그린란드 횡단에 성공했으며, 북극 탐험에 나서 북위 86도 14분 지점까지 도달하는 신기록을 세웠어요. 또한 평화 사업에 공헌하여 1922년에는 노벨 평화상을 받았답니다.

“아, 내가 한 발 늦었구나!”

한탄한 아문센은 갑자기 북극 탐험 계획을 남극 탐험 계획으로 바꾼 거예요.

아문센이 보내온 전보를 읽은 스콧은 정신이 번쩍 들었어요.

‘이번 탐험은 영국의 명예가 걸려 있다!’

그러므로 스콧은 아문센보다 먼저 남극점을 정복하고야 말겠다는 결심을 했지요. 스콧은 열심히 항해를 재촉했어요.

스콧은 1911년 1월 7일, 배를 남극 맥머도 만의 에번즈 곶에 정박시켰어요.

“이곳을 기지로 삼아 탐험 활동을 하겠소.”

스콧이 말했어요.

그 기지 부근에는 에러버스 산과 테러 산이 솟아 있었지요.

스콧의 탐험 활동은 시작되었어요. 과학자 팀으로 하여금 조사 활동을 벌이게 하고, 남극점을 정복하려고 서둘렀어요. 캠벨이 지휘하는 세 번째 팀은 기지에 남겨 두어서 에드워드 7세 고원에서 겨울을 나도록 했어요.

한편, 아문센은 프람 호를 타고 마데이라 섬을 떠났어요. 프람 호는 포클랜드 제도를 지날 때 폭풍이 불고 눈보라가 쳐서 앞을 바라볼 수가 없었어요.

가까스로 배를 전진시킨 아문센은 남위 60도 해상에서 크리스마스를 맞았지요. 1911년 1월 11일, 프람 호 앞에 로스 해의 빙산이 나타나자 아문센은 긴장했어요.

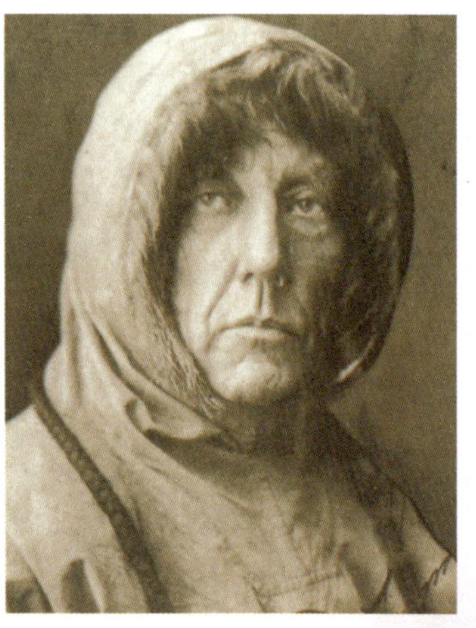

▲ 아문센(1872~1928)
노르웨이의 탐험가. 북극점 첫 도달을 미국의 피어리에게 빼앗기자, 남극 탐험으로 바꾸어 1911년 12월 4일, 로버트 스콧보다 먼저 남극점 도달에 성공했어요. 1928년 북극 해에서 조난당한 노빌레의 수색 도중 실종되었어요.

“뱃머리를 동쪽으로 돌려라!”

아문센은 빙산을 따라 들어가서 로스 해의 깊숙한 곳인 훼일즈 만에 닻을 내렸어요. 1월 17일에는 기지를 건설했지요.

그 기지를 ‘프람하임’ 이라고 해요.

스콧의 기지는 아문센의 기지보다 남극점에서 직선거리로 24킬로미터나 더 멀리 자리 잡았는데, 실제 걸어서 가려면 65킬로미터나 되는 먼 거리였어요.

남극은 4월부터 8월까지가 긴 겨울이에요.

‘겨울을 보내고 남극점으로 출발해야지!’

스콧과 아문센은 각각 그렇게 생각하고 기지를 설치해서 겨울을 보내는 거였지요.

어느 날 스콧은 이런 생각을 했어요.

‘아무리 경쟁자라 하더라도 아문센을 찾아가 만나 보아야겠다.’

그리하여 스콧은 아문센의 기지를 방문했어요. 아문센은 스콧보다 세 살 아래였지요.

“어서 오시오, 스콧!”

아문센은 스콧을 반가이 맞아 주었어요.

“탐험 준비는 잘 해 놓으셨습니까?”

스콧이 물었어요.

아문센은 스콧에게 여러 가지 탐험 장비를 보여 주었어요.

“아주 훌륭하군요.”

“고맙습니다.”

두 사람은 탐험에 대한 여러 가지 이야기를

나누었어요.

아문센이 스콧에게 이런 제안을 했어요.

"스콧 씨도 우리와 함께 이곳에서 겨울을 나지 않으시겠습니까?"

"글쎄요, 갑작스런 말씀이라서……."

"그러면 여러 가지 격려도 되고, 안전 문제도 해결되고 좋지 않습니까?"

"글쎄요."

"함께 있으면 남극점 탐험에 대한 좋은 방법도 서로 의논할 수 있을 겁니다."

스콧은 마음이 내키지 않았어요. 아문센이 말을 이었어요.

"내 생각 같아서는 겨울 캠프는 얼음벽 위에 설치하는 게 좋을 것 같은데요."

아문센은 자기의 생각을 스스럼없이 털어놓았어요. 남극은 기류가 나쁘고, 얼음이 없는 육지에는 바람이 심하게 몰아친다는 것이었어요.

"저도 그런 것쯤은 압니다."

스콧은 지난번의 제1차 남극 탐험 때 경험을 한 바 있었지요.

"캠프를 이곳으로 옮기시는 게 좋을 것 같은데요."

아문센이 만든 기지는 스콧 탐험대가 만든 기지보다 남극점에 110킬로미터나 더 가까운 거리에 있었답니다.

그렇지만 스콧은 옮길 생각이 없었어요.

"고마운 말씀이지만, 우리는 에번즈 곶에 그냥 머무르겠습니다. 우리는 초원 땅에 캠프를 설치해 놓았거든요. 이곳의 얼음 위보다는 초원이 안전할 것 같아서요."

스콧은 아문센의 제안을 사양하고 개들을 바라보았어요.

"얼음 벌판을 달릴 때 개들을 사용할 거군요?"

"개가 썰매를 끌게 할 겁니다."

"우리는 모터 썰매와 조랑말을 이용하려고 합니다."

스콧이 말하자 아문센은 이마를 찡그렸어요. 모터나 조랑말은 위험하다고 생각했기 때문이지요.

"얼음 위에서는 개들이 좋아요. 강하고 영리하니까요. 스콧 씨가 원하신다면 우리 개를 드릴 수도 있습니다."

"아닙니다."

스콧은 아문센의 권유를 뿌리쳤어요.

"그것은 아무래도 위험한데……."

"괜찮습니다!"

"아무튼 성공을 빕니다."

스콧은 아문센과 얘기를 마치고 기지로 돌아갔어요.

이제 두 사람은 남극을 정복하려는 치열한 경쟁을 얼음판 위에서 벌이게 되었지요. 남극점 정복은 스콧이나 아문센의 명예만이 아니라 각자 자기 나라의 명예가 걸린 문제였답니다.

▲ 제임스 쿡(1728~1779)
영국의 탐험가로, 항해가 '캡틴 쿡'이라고도 불립니다. 콜럼버스와 함께 인류 역사상 가장 위대한 선장 가운데 한 사람으로 꼽히지요. 그의 탐험에 의해 태평양의 많은 섬들의 위치와 명칭이 결정되었답니다.

남극 탐험에 관해 영국은 대단한 자부심을 가지고 있었어요.

영국은 제임스 쿡 선장의 탐험선이 1773년에 남극에 들어간 이후에 몇 번이나 탐험대를 남극에 보낸 적이 있었어요. 또 스콧 자신도 이번이 두 번째의 남극 탐험이었기 때문에 아문센보다 선배인 셈이었지요.

'신출내기* 아문센이 건방지게 구는군.'

스콧은 이런 생각을 했어요.

탐험대는 겨울을 나기 위한 준비를 했어요. 본부 기지와 식량 기지를 짓는 일이 쉽지 않았어요.

1월 24일, 대원들은 식량 기지를 지으려고 출발했어요. 대원 13명이 개썰매 두 대와 여덟 마리의 말이 끄는 썰매에 짐을 싣고 떠나서 2월 17일에 79도 30분 지점에 식량을 저장했어요. 이때 여덟 마리의 말을 모두 잃었어요.

아문센이 한 말이 맞았어요. 얼음 벌판을 달리는 데는 말이 적합하지 않다는 것이 증명되었는데도, 스콧은 자기의 주장을 끝까지 꺾지 않았어요.

'그래도 개보다는 말이 나아.'

또 스콧 탐험대 본부 기지의 위치도 좋지 않았어요. 바람이 강하게 몰아치기 때문에 사람이 서 있을 수조차 없는 경우가 많았지요.

그리하여 스콧 일행은 겨우내 나쁜 날씨 때문에 매우 고생을 했어요. 다행히 본부 건물이 튼튼해서 대원들이 안에서는 편히 지낼 수 있었어요.

무엇보다도 목적지로 향하는 탐험대에게 가장 큰 문제는 식량과 장비를

▲ 남극은 인간이 견디기 어려운 험난한 환경에 둘러싸여 있어요.

운반하는 일이었지요. 식량이 엄청나게 많이 들기 때문에 운반하는 것이 여간 곤혹스럽지가 않았어요.

'군데군데 식량 기지를 건설하여 그곳에 먹을 것과 장비를 보관해 두면 남극점을 정복한 뒤 아무것도 가지지 않고 돌아올 수 있을 텐데……'

아문센은 이런 생각이 미치자 곧 기지를 건설할 준비를 했어요.

남반구에서는 1월부터 여름이 시작되므로, 아문센은 기온이 높은

여름에 식량 기지를 설치했어요. 네 명이 세 대의 썰매를 타고 선발
대가 되어 기지를 떠났어요. 그리하여 18마리의 개가 끄는 세 대의
썰매가 2월 14일 남위 80도에 도착했어요.

"여기에 눈구덩이를 파고 식량을 저장합시다."

그런데 식량 기지를 표시하는 일이 문제였어요. 눈이 와서 묻혀
버리면 찾지 못할 염려가 있었지요. 때문에 설치한 식량 기지 위에
긴 대나무 깃발을 세운 뒤, 그 좌우에 900미터 간격으로 장대 열
개를 세워 놓았어요.

두 번째의 식량 기지 건설대는 2월 22일에 떠났는데, 이번에는
아문센을 비롯하여 아홉 명의 대원이 떠났어요. 42마리의 개가 일
곱 대의 썰매를 끌었지요. 이들은 제1 식량 기지를 확인하고 더욱
남쪽으로 내려가 4일 만에 남위 81도 지점에 도착했어요.

식량 기지를 설치한 뒤에는 역시 장대를 세워 표시해 놓았어요.

3월 5일, 세 명은 기지로 돌아가고 여섯 명이 남쪽으로 내려가서
3월 8일에는 82도 지점에 도착했어요. 이 제3 식량 기지가 마지막
이었어요. 아문센은 제4 식량 기지도 건설하려다가 포기했어요. 겨
울이 돌아오고 날씨가 좋지 않았거든요.

'이만하면 됐다.'

아문센은 만족했어요. 약 110킬로미터 간격으로 세 곳의 식량 기
지를 설치했으니까요.

'이제 겨울 동안 장비만 손질해 두면 된다.'

겨울이 돌아오자 기온이 영하 59도까지 내려가고, 태양은 수평선

아래로 떨어져서 어둠이 계속되었어요. 대원들은 탐험 활동을 중지
했어요. 장비를 손보는 데서 썰매 개조 작업이 가장 큰 문제였어요.
겨울이 끝날 무렵이 되자 스콧 쪽이나 아문센 쪽이나 모두 지루한
하루하루를 보내야 했어요.

8월 23일에는 해가 수평선 위로 떠올라도 심한 눈보라가 휘몰아
쳐서 태양을 볼 수가 없었어요. 겨우 9월이 되어서야 날씨가 풀렸
어요.

1911년 11월 1일, 스콧은 탐험대를 이끌고 본부 기지를 출발했
어요. 아문센이 10월 19일에 떠난 것을 보면, 그곳의 날씨가 나빴
기 때문이었지요.

대원들은 탐험에 경험이 많은 사람들이었어요. 개썰매 두 대, 말
열 마리가 끄는 썰매, 동력 썰매 두 대가 떠났어요. 스콧은 매우 자
신이 있었답니다.

"퀸머드 산맥까지 짐을 운반하고, 거기서부터는 대원들이 스키를
이용하여 썰매를 끌고 남극점에 도달하시오."

스콧이 대원들에게 명령했어요.

그렇지만 예상과는 다르게 대원들이 속도를 내지 못했지요. 얼음
벌판이 미끄러워서 말들이 잘 걷지를 못했어요. 또 말들이 추워서
썰매를 잘 끌지 못하고 픽픽 쓰러졌어요.

11월 20일, 스콧 일행은 간신히 남위 80도 15분 지점에 도착했
어요.

동력(모터) 썰매는 자꾸만 고장이 났어요. 그때마다

▲ 수많은 시련을 극복해야만 도달할 수
있는 남극.

대원들은 썰매를 고쳐야 했지요.

"두 대의 모터 썰매가 못 쓰게 됐소."

하는 수 없이 대원들이 썰매를 끌어야만 했어요.

이런 이유로 탐험대 대원들의 전진 속도가 느려질 수밖에 없었어요. 더욱이 날씨가 좋지 않아 세찬 바람과 눈보라가 앞을 가로막기 일쑤였지요.

"말에게 먹일 것이 모자라오."

대원들은 말의 식량 때문에 멀쩡한 말 몇 마리를 죽여야만 했어요.

이들이 퀸머드 산맥에 도착했을 때 다행히 개썰매만은 무사했어요. 스콧은 험한 산을 넘을 것을 생각하니 기가 막혔어요. 이때 여섯 명의 대원이 지쳐 더 이상 움직일 수가 없었어요.

"개썰매 두 대에 타고 본부 기지로 가시오."

12월 10일, 스콧

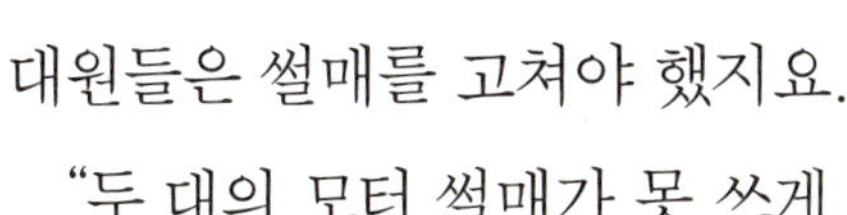

은 대원 11명과 함께 눈 속에 푹푹 빠지면서 세 대의 썰매를 끌고
산을 올라갔어요.

"아니, 이거 한 시간에 1킬로미터밖에 나가지 못했잖아."

스콧은 힘이 쭉 빠졌어요.

스콧 일행이 빙하의 꼭대기에 올라간 것은 12월 21일이었어요.

"아무래도 안 되겠소."

여기에서 스콧은 네 명의 대원들을 본부 기지로 돌
려보냈어요. 이제 여덟 명의 대원이 스키
뒤에 썰매 두 대를 달고 전진했어요.

12월 31일, 에번스 대원이 부
상을 입자 스콧은 우울
했어요. 해가 바꿔

어 이듬해인 1912년 1월 3일, 일행이 남위 87도 32분 지점에 다다
랐을 때 세 명의 대원이 본부 기지로 돌아가야만 했어요.

"이제 다섯 명밖에 안 남았군."

스콧 대장을 비롯하여 윌슨 박사, 에번스 하사, 오츠 대위, 바워
드 소령 등이었어요.

"남극점이 가까워졌소!"

스콧이 외쳤어요.

탐험대 일행은 오로지 지구의 남쪽 끝에 영국 국기를 꽂겠다는
생각으로 전진을 계속했어요. 1월 16일에는 남극점을 25킬로미터
남겨 놓은 지점까지 나아갔어요.

"승리는 우리 것이다!"

스콧은 흥분해서 외쳤어요.

바로 그때 앞장서서 가던 윌슨이 소리쳤어요.

"저기 깃발이 보입니다!"

순간, 탐험대 일행은 모두 그 자리에 서서 놀란 눈으로 그 깃발
을 바라보았어요. 검고 작은 깃발이 눈더미 위에서 펄럭거리
고 있었어요.

"저건 아문센이 만든……."

길 안내 표지였어요. 아문센은 검은 표지를 많이 만
들어서 눈더미 위에 꽂았어요. 표지에는 번호와 위

▲스콧이 오르고자 했던 빙하의 정상.

치와 다음 표지까지의 방향과 거리까지 종이에 적어서 남겨 놓았어
요. 그 눈더미 주위에는 스키와 개와 썰매 자국이 남아 있었어요.

"아아, 이럴 수가······."

이처럼 큰 충격을 받은 것은 스콧 일생에 처음이었답니다. 아문
센과의 경쟁에서 패배한 것이지요. 다른 대원들도 모두 실망하여
한동안 아무 말도 할 수가 없었어요.

1월 18일, 스콧은 마지막 힘을 다해 남극점에 도달했어요. 그곳
에서 또다시 아문센 탐험대가 세워 놓은 천막과 노르웨이 국기를
발견했지요.

스콧은 천막 안에서 아문센이 남긴 편지를 발견하고 읽어 보았어
요. 그것은 자기가 돌아갈 때 무슨 일을 당할지 모르니, 노르웨이
국왕에게 편지를 전해 달라는 부탁이었어요. 편지를 보니 아문센이
이미 한 달 전에 도착했음이 밝혀졌어요.

'아아, 결국 아문센에게 지고 말았구나.'

스콧은 비참했어요. 두 달 반 동안 1,480킬로미터의 얼음판 위를
달려왔지만 결국 아문센에게 패배한 거예요.

세계 탐험 역사를 빛낸 순교자

그렇다면 아문센은 어떻게 스콧보다 한 달이나 먼저 남극점에 도달했을까요?

스콧이 평지 초원에 본부 기지를 설치하여 바람 때문에 고생을 할 때, 아문센은 얼음 절벽 위에 본부 기지를 설치하여 바람을 완전히 막았어요. 몇 달 동안 관측해서 바닥이 전혀 움직이지 않는다는 것을 알고 설치했던 것이지요.

▲ 스콧보다 먼저 남극점에 도착한 아문센.

때문에 아문센이 세운 본부 기지는 좋은 날이 계속되었지요.

9월에 추위가 풀리자, 대원들은 스콧보다 일찍 떠나기를 바랐어요. 그리하여 9월 8일, 아문센 탐험대는 남극점을 향해 출발했다가 기온이 영하 50도까지 내려가는 바람에 제1 식량 기지까지 갔다가 되돌아왔지요.

10월에 들어서서 날씨가 풀리기 시작하자, 얼음 벌판에 바다표범들이 올라와 놀았어요. 10월 19일, 아문센을 비롯하여 대원 다섯 명이 개 42마리가 끄는 네 대의 썰매에 짐을 싣고 본부 기지를 출발했어요.

썰매를 가볍게 개량*했기 때문에 개들이 쉽게 끌 수 있었지요.

제일 위험한 일은 개들이 썰매를 끌고 달리던 도중 얼음 틈새로 빠지는 일이었어요. 아문센이 썰매를 이용한 것은 그런 위험을 방지하기 위함인데, 만일 맨 앞에 달리던 개가 빠지면 급히 썰매를 멈추면 되는 것이었어요. 얼음 틈으로 빠진 개는 끈을 잡아당기면 구출할 수 있었지요.

*개량
고쳐서 더욱 좋게 함.

그런데 출발한 지 사흘째 되는 날, 썰매가 뒤집혀 얼음 틈새로 빠지는 사고가 일어났어요. 썰매 끈을 잡아당겼지만, 개와 함께 끌려 들어갈 판이었어요.

다행히 여러 명이 힘을 합해서 썰매를 끌어 올릴 수 있었어요.

나흘째 되는 날, 대원들은 제1 식량 기지에 도달했어요. 10월 29일에는 제2 식량 기지, 11월 3일에는 제3 식량 기지에 닿았지요.

그러니까 이때는 스콧이 본부 기지를 출발한 지 사흘밖에 안 된 때였어요. 스콧은 11월 1일에 떠났으니까요.

아문센은 세 식량 기지에서 많은 식량을 꺼내다가 남위 83도, 84도, 85도에 새로운 식량 기지를 만들었어요. 또 81도 지점부터 8킬로미터마다 눈더미를 쌓아 표시해 놓아서 무사히 돌아가도록 해 놓았어요.

남위 85도를 지나자 눈 덮인 산맥이 나타났어요.

"큰일 났네. 돌아올 때 표지를 해 두는 장대를 다 써서……."

"식량 중에 말린 뱀장어가 있지 않습니까?"

이들은 1미터밖에 안 되는 그것을 길에 꽂아 두었어요.

▼남극점 근처까지 최초로 도달했던 섀클턴 탐험대.

대원들은 높은 곳을 향해 올라갔어요. 퀸머드 산맥을 올라가는 일은 보통 힘이 드는 게 아니었어요.

극고원에 닿았다고 생각한 아문센은 24마리의 개를 죽여 개들과 대원들의 식량으로 삼았어요. 대원들은 계속 전진했어요.

11월 28일에는 그들 앞에 거대한 빙하가 나타났지요. 극고원인 줄 알았던 곳은 다른 데였어요. 대원들은 거의 기다시피하여 비탈 길을 올라갔어요.

이번에는 진짜 극고원이 나타났어요.

12월 7일, 탐험대 일행은 남위 88도 23분 지점까지 다다랐어요.

"자, 이제 저 앞은 아무도 밟아 보지 못한 땅이다!"

대원들은 흥분했어요. 영국의 섀클턴 탐험대가 2년 전에 이곳까지 도달하여 세계 최고 기록을 세웠던 거예요.

"이젠 최후의 전진 목표만 남았다!"

아문센은 이렇게 외치고, 그곳에 식량 기지를 설치한 다음에 깃 발을 세워 놓았어요. 대원들은 힘차게 앞으로 나아갔어요.

대원들은 3.2킬로미터마다 눈더미를 쌓아 놓았어요.

12월 14일 정오, 탐험 대원들은 89도 52분의 지점에 다다랐어 요. 모두 흥분해서 소리쳤어요.

"이제 얼마 안 남았다!"

남은 거리는 14킬로미터였습니다.

썰매 세 대가 속도를 내어 빠르게 달렸어요. 드디어 오후 3시.

"여기가 남극점이다!"

거리를 재는 기계를 들여다본 한 대원이 외쳤어요.

그 거리계는 썰매가 움직일 때 돌아가는 수레바퀴가 있어서 그 돌아간 수에서 달린 거리가 미터로 표시되었지요. 썰매를 멈춘 대원들은 스키를 벗어 놓고 서로 얼싸안았어요.

"우리가 드디어 해냈다!"

"남극점 도달!"

어느 대원이 짐 속에서 노르웨이 국기를 꺼냈어요. 아문센이 엄숙하게 그것을 남극점에 꽂았어요.

정해진 행사를 마친 대원들은 천막을 쳤어요.

얼마 뒤 해가 구름 사이로 얼굴을 내밀자 아문센은 경도*와 위도*를 확인해 보았어요.

"여기는 극점이 아니야."

천측*을 해 본 아문센이 힘없이 말했어요.

"그렇다면 얼마를 더 가야 합니까?"

"음, 8킬로미터를 더……."

아문센이 앞장선 탐험대는 또다시 전진했어요. 개들이 속력을 내
어서, 이틀 뒤인 1911년 12월 16일에 남극점에 도달했답니다.

한 시간마다 관측을 한 아문센은 그곳이 남극점임을 확인했어요.

사실 아문센은 14일에 남극을 정복한 거나 다름없었지요. 왜냐하
면, 학자들 사이에 '극점 주변 10킬로미터 안에만 들어가면 정복한
것이다.'라는 합의가 있었기 때문이지요.

아문센은 극고원을 노르웨이 국왕의 이름을 따 '하콘 7세의 평
원'이라고 이름 붙였어요. 그리고 극점은 '폴헤임'이라고 했지요.

극점에는 천막을 세우고 그 안에 관측 기록을 남겼어요. 또 두 통
의 편지를 써 놓았는데, 하나는 노르웨이 국왕 하콘 7세에게 보내
는 것이고, 또 하나는 스콧에게 쓴 것이었어요.

"우리가 돌아가다가 뜻하지 않은 사고를 당한다 해도, 이 두 통의
편지는 뒤에 오는 스콧 탐험대가 발견할 것이오"

아문센은 기쁨에 들떠 말했어요.
12월 17일, 탐험 대원들은 돌아갈 준비를 서둘렀어요.

**힘차게 펄럭이는 국기를 보니까 우리가 자랑스럽다. 이제 우리는
사랑하는 조국 노르웨이로 돌아가는 일만 남았다.**

이것은 아문센이 출발하기에 앞서 적어 놓은 일기였답니다.
노르웨이 탐험대와 영국 탐험대가 남극점 정복을 위해 벌인 역사
적인 경쟁은 이로써 승리와 패배가 결판이 났어요.
아문센 탐험대가 조국 노르웨이로 돌아가 열렬한 환영을 받았을
때까지도 스콧 탐험대의 소식은 끊어져 있었어요.

"조난당한 모양이야!"

이윽고 구출 탐험대가 조직되어 남극으로 떠났어요. 결국 스콧 탐험대의 행로는 이렇게 해서 밝혀지게 되었답니다.

스콧은 남극점에서 아문센이 먼저 정복하고 돌아갔다는 것을 깨달은 후 신사답게 그의 승리를 깨끗하게 인정하는 일기를 썼어요.

아문센 탐험대는 우리 탐험대보다 한 달 전에 극점에 도달했다. 그들이 남긴 천막과 편지도 발견했다.

스콧은 비록 경쟁에서는 패배했으나 뒤이어 남극을 정복한 탐험가임에 틀림없었어요. 아문센의 업적을 확인하는 과정에서 그것이 증명된 거지요. 뒷날 스콧이 위대한 탐험가로 더욱 우러름을 받는 것은 이처럼 상대방의 승리를 인정했기 때문이에요.

스콧은 아문센에 이어 남극을 정복한 뒤 이제 본부 기지로 돌아가야 했어요.

'모두 무사히 돌아갈 수 있을지 걱정이다.'

극점의 기온은 영하 30도이고 세찬 바람이 불어닥쳤어요. 스콧 일행은 극점에서 하루를 머물다가 다음 날인 1912년 1월 19일, 썰매를 끌고 돌아온 길로 출발했어요.

모두 지칠 대로 지쳐 있었어요. 돌아오는 길은 개와 말이 없어서 썰매를 끌어야 했지만, 다행히 남풍이 불어서 썰매 위에 돛대를 세워 순조롭게 나아갈 수 있었어요.

에번스는 기진맥진*했고, 오츠는 발에 동상*이 걸렸어요.

밤에는 영하 44도까지 내려갔고 눈보라가 쳐서 대원들은 모두 지쳐 주저앉았어요. 스콧은 마음속으로 부르짖었어요.

'대원들 모두를 영국으로 무사히 데려가는 것만이 나에게 주어진 사명이다!'

* **기진맥진**
기력이 다하고 맥이 풀림.

* **동상**
추위 때문에 살갗이 얼어서 피부 조직이 상하는 것

2월 4일, 에번스가 얼음 틈에 빠져 추락했어요. 다행히 구조는 되었으나 머리를 심하게 다쳐서 스콧은 대원 모두를 쉬게 했어요.

대원들이 교대로 5일 동안 에번스를 간호했으나, 건강이 회복되지 않았어요. 게다가 식량마저 떨어졌지요.

가만히 있다가는 굶어 죽겠다는 생각이 들자, 스콧은 2월 10일 에번스를 대원들에게 교대로 부축하라고 하고 길을 떠났어요. 그렇지만 2월 16일 에번스는 숨을 결국 거두었어요.

대원들이 그를 얼음 속에 묻고 길을 떠났어요.

대원들은 대빙하를 내려와서 눈보라 속을 걸었어요. 3월 15일에는 오츠가 쓰러졌어요. 그가 말했어요.

"나를 여기에 놔두고 가십시오."

"무슨 소리요? 죽어도 같이 죽고, 살아도 같이 살아야지. 우리는 한 배를 탄 동지요."

스콧은 그곳에 텐트를 치고 대원들로 하여금 간호를 하도록 했어요. 이튿날 아침, 오츠는 갑자기 벌떡 일어났어요.

"이제 다 나았군."

대원들은 기뻐했어요.

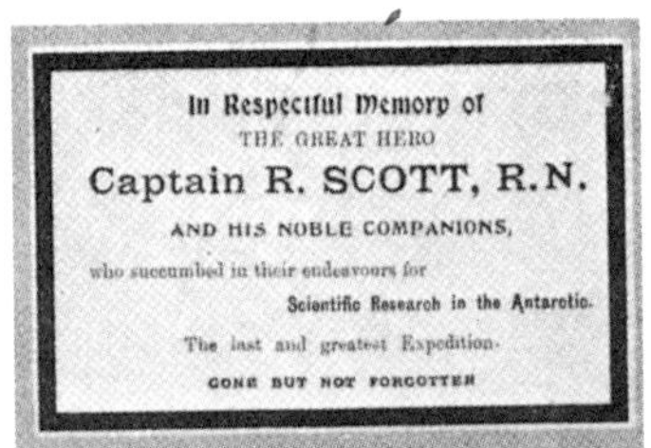

▲ 스콧이 죽음을 앞두고 국민에게 보낸 편지.

* 침낭
겹으로 된 천 사이에 솜, 깃털 따위를 넣고 자루 모양으로 만든 침구. 주로 야영할 때 쓰지요.

* 미숙함
일에 익숙하지 않아서 서투름.

"잠시 밖에 나갔다 오겠소."

이 말을 남기고 나간 오츠는 절뚝거리며 어디론지 사라져 버렸어요. 대원들에게 폐를 끼치지 않으려고 스스로 죽음을 택한 것이었어요.

이제 살아남은 세 명의 대원들은 울면서 길을 떠났지요.

3월 19일, 그들은 심한 눈보라를 만나 모두 지쳐 주저앉았어요. 가까스로 천막을 치고 그 안으로 들어가 눈이 멎을 때를 기다려야 했지요.

"식량도 바닥나고, 연료도 조금밖에 없으니……."

그들은 죽음의 그림자가 드리운 것 같은 공포에 떨었어요. 침낭* 속으로 들어가 추위를 견뎠지만, 나흘이 지나도 눈보라가 그치지 않았어요.

3월 29일, 스콧은 생각했어요.

'이제는 마지막인 것 같군.'

눈보라가 그친다 하더라도 도저히 움직일 수가 없을 것 같았어요. 스콧은 간신히 일어나 영국 국민에게 보내는 글을 썼어요.

……우리에게는 지금 큰 재앙이 닥쳤습니다. 그 원인은 탐험대 조직의 미숙함*에 있는 게 아닙니다. 운이 나빴기 때문입니다. 누구라도 우리가 겪은 끔찍한 고통을 체험하지는 못했을 겁니다.

동료 오츠만 아프지 않았더라도 괜찮았을 겁니다. 연료만 부족하지 않았더라도 괜찮았을 겁니다. 보급 창고와 20킬로미터 떨어진 지점에서 폭풍우가 우리의 발목을 잡지 않았더라면 우리는 이겨 내고 무사히 기지로 돌아갈 수 있었을 겁니다.

우리는 이틀분의 식량과 한 끼의 식사를 마련할 수 있을

만한 연료를 지닌 채로 식량 저장 창고에서 20킬로미터
떨어진 지점에 도착했습니다.

오늘도 우리는 나흘째 꼬박 울부짖으며 퍼붓는 눈보라 때
문에 한 발짝도 밖으로 나가지 못하고 텐트 안에 갇혀 있
습니다.

세 명 중 대원 두 명은 지금 말도 못 하고, 글을 쓸 수도
없습니다.

머지 않아 우리는 죽을 것입니다. 그렇지만 우리는 결코
탐험을 후회하지 않습니다. 왜냐하면 우리는 이번 탐험으
로 영국인의 끈기와 용기를 가졌기 때문입니다. 우리는
신의 섭리*에 경의를 표하며 최선을 다할 것입니다.

우리는 영국의 명예를 위해 기꺼이 죽겠습니다. 다만, 남
극점을 정복하기 위해 우리가 영국인으로서 어떤 고난을
이겨 냈으며, 또 어떻게 서로 도왔는가를 알아주었으면
좋겠습니다.

우리가 죽으면 우리의 가족을 잘 부탁합니다.

스콧이 여기까지 편지를 쓰고 났을 때 이미 윌슨이 숨져 있었어요.

"잘 가게."

가슴에 십자를 그은 스콧은 윌슨에게 기도를 했어요. 몇 시간 뒤,
이번에는 바워드 소령도 숨졌어요.

"나도 소령의 뒤를 따르겠네. 명복*을 비네."

스콧은 벅찬 슬픔을 누르며 윌슨과 바워드의 가족 앞으로 보내는
글을 남겼어요. 그런 뒤 침낭 속으로 들어간 스콧은 최후의 마지막
순간을 맞았어요.

이렇게 탐험가 스콧은 일생을 마쳤답니다.

▲ 항상 공부하고 연구했던 스콧이기에
남극을 정복할 수 있었지요.

* 섭리
세상과 우주 만물을 다스리는 하느님의 뜻.

* 명복
죽은 뒤 저승에서 받는 복.

"탐험을 하러 간 돌격대가 왜 돌아오지 않지?"

에번즈 곶의 본부 기지에 남아 있던 대원들은 4월이 되어도 스콧 일행이 돌아오지 않자 초조하게 그들을 기다렸어요.

"이상하네."

여름이 지나고 10월이 되어도 그들은 돌아오지 않았어요.

11월이 되자 그들은 수색에 나섰어요. 수색대가 11월 12일, 기지에서 200킬로미터 떨어진 곳까지 전진했을 때 썰매의 돛대처럼 생긴 막대기 하나가 발견되었어요.

"스키 지팡이 두 개가 있소!"

"그곳을 파 봅시다."

수색 대원들은 눈을 파헤쳤어요. 그곳에는 스콧 일행의 텐트가 묻혀 있었어요. 수색 대원들은 눈을 헤치고 안을 파 보았어요.

안에는 침낭 세 개가 나란히 놓여 있었어요.

"스콧 대장, 과학 반장 윌슨, 바워드 소령이오!"

수색 대원들은 비로소 그들이 조난을 당해 죽었음을 알았어요.

시체 세 구는 꽁꽁 얼어 있었어요. 스콧 대장의 침낭 아래에는 일기장이 담긴 자루가 눈에 띄었지요.

"일기장 안에 편지 몇 통이 끼워져 있소."

"아문센이 노르웨이 국왕에게 보내는 편지도 있군. 도대체 어떻게 된 거야?"

수색 대원들은 그것을 읽어 보고 아문센이 먼저 남극점을 발견했다는 것을 알았답니다.

수색 대원들은 시체들을 천막 안에 그대로 두고 그 위에 눈을 덮어서 무덤을 만들었어요.

"십자가도 세워 놓읍시다."

눈무덤 위에는 스키로 엮은 십자가를 세워 놓았어요.

스콧 일행의 죽음이 영국에 알려지자, 국민들은 눈물을 흘리며 그들의 명복을 빌어 주었어요.

"아문센보다 더 위대한 탐험가야!"

"끝까지 대원들과 함께 목숨을 지키다가 죽었으니……."

스콧의 숭고한 정신과 업적에 대해 영국 국민들은 칭송을 했어요. 이 소식이 외국에도 알려지자 세계인들도 감탄했지요.

"스콧이야말로 위대한 탐험가다!"

"탐험의 순교자*야."

최후의 순간까지 추위와 굶주림과 싸운 스콧의 강인한 용기, 인내심, 경쟁자 아문센을 신사답게 떠받든 그의 태도에 많은 사람들이 박수를 치며 존경의 마음을 보냈답니다.

스콧은 비참하게 죽었지만, 그의 이름은 세계 탐험 역사에 큰 자리를 차지하게 되었답니다.

▲ 남극점에 있는, 스콧의 업적을 기리는 무덤.

* 순교자
모든 압박과 박해를 물리치고 자기가 믿고 있는 것을 지키기 위하여 목숨을 바친 사람.

한눈에 보는 로버트 스콧의 생애

우리는 1등만 기억합니다. 하지만 2등을 한 사람들이 흘린 땀이 결코 1등을 한 사람들보다 부족하지 않습니다. 남극점을 두 번째로 정복한 로버트 스콧은 칼날 같은 추위에 쓰러져 가는 동료들을 보살피며 남극점을 정복했습니다. 뿐만 아니라 남극점을 처음으로 정복한 아문센의 업적을 인정하고 자신의 실수를 반성할 줄 아는 사람이었지요. 자신을 반성하고 상대를 인정할 줄 아는 마음, 그것은 남극점을 처음으로 정복한 업적만큼 훌륭한 것이지요.

● 아버지는 무서워

로버트 스콧의 아버지는 굉장히 무서운 분이었어요. 군인 출신인 아버지는 다섯 살 된 스콧이 어리광을 부리거나 꾀 부리는 것을 받아 주지 않았어요. 매일 꾸지람을 들으며 자란 어린 스콧은 아버지 앞에 서면 저절로 몸이 오그라들었지요.

그래서 스콧은 어렸을 때 부지런하고 규칙을 잘 지키는 모범생이었지만, 남들 앞에 서면 부끄러워서 고개를 들지 못할 정도로 내성적인 아이였답니다. 하지만 스콧은 자신을 강하게 키우려 하셨던 아버지의 마음을 이해했어요. 아버지의 마음을 깨달은 스콧은 떳떳하고 당당한 청년으로 성장했답니다.

▲ 군인이었던 아버지는 스콧을 엄격하게 키웠어요.

◀ 어린 시절의 로버트 스콧.

▲ 스콧은 영국의 짙은 바다를 바라보며 꿈을 키웠어요.

▲ 로버트 스콧.

● 모험심을 키운 사관생 스콧

　로버트 스콧은 열세 살이 되자 해군 유년 사관학교에 입학했어요. 스콧은 몸이 아주 건강해서 모든 훈련을 우수하게 해냈어요. 더욱이 부지런하고 성실해서 결코 지각하거나 수업을 빼먹지 않는 학생이었답니다.

　어느 날, 교관 선생님들이 학생들을 바다로 불렀어요. 10미터가 넘는 절벽 아래로 다이빙을 하는 무서운 수업이었지요. 스콧은 용감하게 바다로 뛰어들었어요. 바닷속으로 몸이 가라앉을수록 스콧은 머나먼 미지의 세계를 꿈꾸었어요.

　스콧의 가슴에 '모험'이 꿈틀대기 시작했지요. 스콧은 작은 배의 운항법을 배우면서 더욱 머나먼 세계로 모험을 떠나야겠다고 다짐했어요.

▲ 두려움 없이 잠수 훈련을 하는 스콧.

● 탐험대 대장이 된 스콧

　지리학자 머컴은 스콧에게 남극 탐험을 떠나자고 제안했어요. 그는 스콧이야말로 탐험 대장감이라고 생각했어요. 스콧은 그 제안에 흔쾌히 응답했어요.

▲ 남극 탐험을 위해 출항한 디스커버리 호의 위풍당당한 모습.

▲ 남극은 곳곳에 거대한 빙산이 있어 매우 위험하답니다.

▲ 수많은 시련을 극복해야만 도달할 수 있는 남극.

1901년 7월, 스콧과 일행은 디스커버리 호를 타고 영국을 출발했어요. 다친 썰매개를 뜨거운 물수건으로 찜질하면서 스콧 일행은 남극 대륙 깊숙이 들어갔어요.

남극 대륙 안을 600킬로미터나 전진한 사람은 스콧 일행이 처음이었지요. 하지만 험난한 환경 때문에 더 깊이는 들어갈 수 없었어요. 스콧 일행은 1904년 4월 1일에 아쉬워하며 영국으로 돌아갔어요.

▲ 최초로 남극점에 도달한 아문센.

스콧은 사람들에게 연설도 하고 신문에 광고를 내면서 제2차 남극 탐험을 계획했어요. 1909년 6월 1일 스콧은 드디어 제2차 남극 탐험의 길에 올랐어요. 그때 아문센도 남극 탐험의 길에 올랐지요. 이로써 아문센과 스콧의 치열한 경쟁이 시작됐어요.

▲ 스콧이 사용했던 방한 장비.

▲ 스콧은 32세 때 디스커버리 호를 타고 남극 탐험을 시작했어요.

▲ 남극 탐험을 준비하는 스콧.

▲남극 지도.

▲로버트 스콧.

● 남극점을 향한 먼 여행길

스콧과 아문센은 겨울을 나기 위해 남극점 근처에 기지를 건설했어요. 스콧이 아문센의 기지를 찾아가자 아문센은 스콧에게 많은 정보를 주며 함께 겨울을 보내자고 제안했지요. 하지만 스콧은 아문센의 제의를 거절하고 자신의 기지로 돌아갔어요.

1911년 11월 1일 스콧은 탐험대를 이끌고 본부 기지를 출발했어요. 하지만 말이 추위에 약했기 때문에 생각보다 전진 속도가 매우 느렸어요. 스콧은 아문센의 충고를 따르지 않은 것을 후회했어요.

시간이 지날수록 부상당하고 기력을 잃은 대원들이 많아지자 스콧은 대원 8명만 남긴 채 부상당한 대원들을 본부로 돌려보냈어요. 스콧과 일행이 남극점에 도달했을 때, 아문센이 남긴 노르웨이 깃발과 천막 그리고 편지를 발견했어요. 스콧은 매우 실망스러웠지만 아문센의 승리를 깨끗이 인정하고 다시 본부로 돌아갔어요. 하지만 죽음 같은 추위가 스콧 일행을 괴롭혔어요. 결국 모든 대원들이 추위에 숨을 거두고 말았지요.

스콧 또한 편지와 일기를 남기고 숨을 거두었어요. 에번즈 곶의 본부 기지에 남아 있던 대원들은 텐트 안에 죽어 있는 스콧과 일행 두 명을 발견했어요. 사람들은 스콧이 남긴 일기를 읽으면서 그의 숭고한 정신을 칭송했답니다.

▲스콧의 남극점 정복은 길이길이 남을 역사적 유산이에요.

▲스콧은 안타깝게 두 번째로 남극점을 정복했지만, 깨끗하게 패배를 인정했어요.

두 차례에 걸친 남극 탐험

● 첫 번째 탐험

　로버트 스콧은 전형적인 영국의 장교였으며, 남극 탐험에 전력을 쏟은 사람이에요. 그는 해군학교를 나온 뒤 인도 함대에 배속되어 다양한 근무 경력을 쌓았으며 빙설 전문가로서의 자질을 닦아 나갔어요. 그는 당시 왕립지리학회의 협회장이었던 머컴에게 능력을 인정받아 32세의 나이로 디스커버리 호 탐험대의 대장이 되었습니다.

　첫 번째 남극 탐험에서 스콧은 남위 82도 17분까지 진출하는 기록을 세웠어요. 이 탐험의 주인공은 스콧과 섀클턴, 윌슨이었는데, 탐험이 끝난 후 섀클턴은 괴혈병에 걸렸고, 윌슨은 설맹(눈에서 반사되는 태양 광선 때문에 눈에 생기는 염증)으로 큰 고생을 했어요.

▲영국의 자부심이 된 스콧.

▲최초로 북극점에 도달한 미국의 탐험가, 로버트 피어리.

● 스콧과 동시대의 남극 탐험가 - 섀클턴과 아문센

　어니스트 섀클턴은 스콧의 대원으로 떠난 첫 번째 남극 탐험 실패 후, 남극점 최초 정복이라는 영예마저 아문센에게 빼앗겼어요. 그러고 나서 남극 대륙 횡단을 자신의 목표로 삼았지요. 1914년 12월 5일 27명의 대원과 함께 '인내' 라는 뜻의 이름인 '인듀어런스 호' 를 타고 드디어 탐험에 나섭니다.

　하지만 인듀어런스 호는 거대한 남극의 빙하에 갇혀 침몰했어요. 무려 634일간이나 남극의 얼음 덩어리 속에 갇힌 섀클턴의 탐험 대원들의 운명은 어떻게 됐을까요? 이때 섀클턴은 놀라운 지도력을 발휘해서 27명 모두 무사히 집으로 돌아가게 됐지요.

　섀클턴은 남극 대륙 횡단이라는 목표보다 부하들을 더 사랑한 훌륭한 리더였습니다.

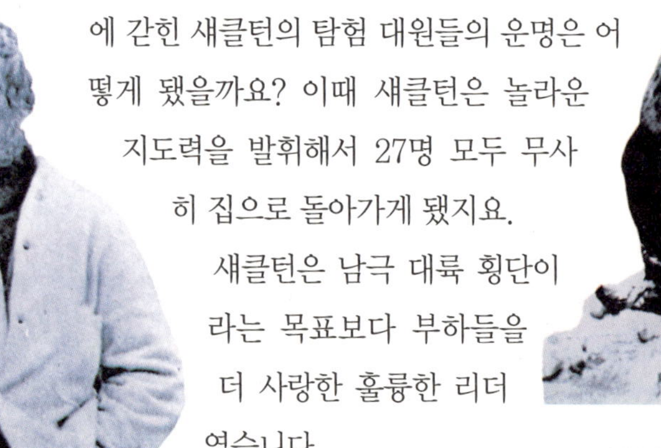

▲스콧과 함께 남극 탐험에 나선 섀클턴 중위.

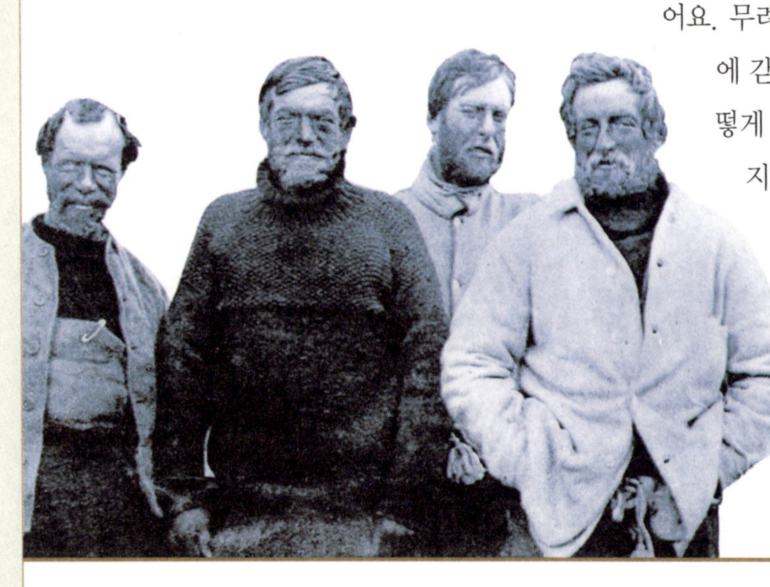

▼스콧의 남극 탐험에 큰 영향을 미쳤던 섀클턴(왼쪽에서 두 번째)과 동료들.

▲ 최초의 남극점 정복자 아문센.

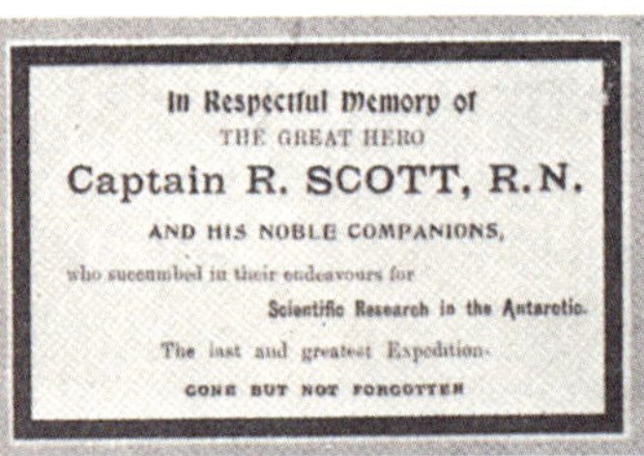

▲ 스콧이 죽음을 앞두고 쓴 편지.

노르웨이의 탐험가인 로알 아문센은 세계 최초로 남극점에 도달했고, 북극점을 비행선으로 횡단했습니다.

원래 목표는 북극점을 최초로 정복하는 것이었지만, 미국의 피어리가 1909년 먼저 북극점을 정복하자 남극으로 목표를 수정했지요.

1912년 남극에 상륙한 아문센은 영국의 스콧 탐험대와 운명을 건 세기의 대결을 벌입니다. 철저한 준비와 뛰어난 전략으로 55일 만에 남극점 최초 정복이라는 기록을 세웠으며, 1926년에는 비행선을 타고 북극점을 횡단하는 데 성공했어요. 스콧은 아문센의 추진력에 자극을 받아 남극 탐험에 열정을 쏟았습니다.

● 세계 최악의 탐험

▼ 남극점에서 기념촬영을 한 스콧과 탐험대.
이후 스콧은 귀환하지 못했어요.

스콧 탐험대는 출발이 좋았습니다. 하지만 1912년 1월 7일부터 대원들이 부상을 당하기 시작했어요. 세 명의 대원이 코와 볼에 심한 동상을 입어서 1월 15일에는 극점까지 이틀 정도의 거리를 남겨 놓고 캠프를 쳤지요. 온몸에 동상을 입은 스콧 탐험대는 드디어 극점에 도달해 영국 깃발을 꽂았습니다.

극점에서 돌아오는 길은 매우 험난했어요. 3월 21일, 남은 탐험대는 많은 식량이 저장되어 있던 제1 식량 저장소까지 불과 20km를 남겨 놓고 있었지만, 불행하게도 일주일째 엄청난 눈보라가 몰아치고 있었지요. 결국 이들 세 사람(스콧, 바워드, 윌슨)은 천막 속에서 꼼짝도 못한 채 최후를 맞고 말았어요.

로버트 스콧 (1868~1912) 연표

	로버트 스콧의 생애	한국사 주요 사건	세계사 주요 사건
1868	6월 6일, 영국의 데번포트 부근 마을에서 태어남.	당백전의 통용을 명령.	영국, 제1차 글래드스턴 내각 성립.
1872	노르웨이의 오슬로 근처 보르게 시에서 아문센이 태어남.		베를린에서 독일 · 러시아 · 오스트리아 3제 회담 열림.
1881	해군 유년 사관학교에 입학함.	별기군을 두고 신식 군사 훈련을 실시.	프랑스, 튀니지 획득.
1892	해군 소령이 됨.	현대식 화폐 주조.	프랑스와 러시아 군사협정 성립.
1899	왕립지리학회의 요청으로 남극 탐험대를 조직함.	광제원 개설.	독일, 바그다드 철도 부설권 획득.
1901	남극 탐험선 디스커버리 호를 타고 남극 대륙으로 향함.	최초의 안남미 수입.	러시아 사회혁명당 결성.
1904	많은 업적과 경험을 쌓고 남극점에는 도달하지 못한 채 귀국함.	한일의정서 조인.	러 · 일 전쟁 시작(~1905). 미국, 파나마 운하 공사 착공.
1909	제2차 남극 탐험을 떠남. 아들 피터 스콧이 태어남.	나철, 대종교 창시.	독일과 프랑스, 모로코 협정 체결.
1911	남극에 도착하여 본부 기지를 만들고 활동함.	조선은행법 공포.	영국에서 의회법 성립, 상원의 권한 축소됨.
1912	남극점에 도달했으나, 아문센이 한 달 전에 다녀간 것을 확인함. 돌아오는 길에 조난을 당해 목숨을 잃음. 11월, 수색대가 시체를 찾아냄.	어업세령 공포. 수산조합 · 어업조합 규칙 공포.	제1차 발칸 전쟁 발발. 알바니아가 독립을 선포.

① 스콧은 어떤 집안에서 태어났나요?

② 스콧의 아버지는 아들들에게 어떤 생각을 가지고 있었나요?

③ 스콧은 어떻게 해서 해군 장교가 되었나요?

④ 스콧이 남극 탐험을 하게 된 동기는 무엇인가요?

⑤ 제1차 남극 탐험은 어떻게 진행되었나요?

⑥ 제2차 남극 탐험을 할 때 경쟁자가 된 탐험가는 누구인가요?

⑦ 스콧은 어떻게 조난을 당해 숨졌나요?

⑧ 스콧이 아문센에게 패배한 원인은 무엇인가요?

⑨ 스콧의 대원이 되어 남극 탐험을 했으며 이후 인듀어런스 호를 타고 남극 대륙 횡단에 나서 634일간
   이나 얼음 덩어리 속에 갇혔지만, 놀라운 지도력으로 대원 모두를 귀환시킨 사람은 누구인가요?

⑩ 로버트 스콧의 생애를 통해 우리가 배워야 할 점은 무엇인지 말해 보세요.

〈교과서 큰 인물 이야기〉 교과 수록 및 연계표

테마	권	작품	교과 수록 및 연계
의지와 기상	01	광개토대왕	초등학교 읽기 5-1 8.함께하는 세상 166쪽, 사회과 탐구 5-1 1.하나 된 겨레 20쪽, 중학교 역사(상) II.삼국의 성립과 발전, 대교 42쪽
	02	을지문덕	초등학교 사회과 탐구 5-1 1.하나 된 겨레 28쪽, 중학교 역사(상) III.통일 신라와 발해, 두산동아 71쪽
	03	계백	중학교 역사(상) III.통일 신라와 발해, 대교 78쪽
	04	김유신	초등학교 사회과 탐구 5-1 1.하나 된 겨레 30쪽, 중학교 역사(상) III.통일 신라와 발해, 두산동아 74쪽
	05	강감찬	초등학교 듣기·말하기·쓰기 4-2 2.하나씩 배우며 34쪽, 중학교 역사(상) IV.고려의 성립과 발전, 두산동아 104쪽
	06	이순신	초등학교 듣기·말하기·쓰기 4-2 5.정보를 모아 94쪽, 사회과 탐구 5-1 3.유교 전통이 자리 잡은 조선 102쪽
	07	알렉산더	중학교 역사(상) VII.통일 제국의 형성과 세계 종교의 등장, 대교 235쪽
	08	나폴레옹	초등학교 생활의 길잡이 3-2 1.소중한 나 17쪽
	09	칭기즈 칸	중학교 역사(상) IX.교류의 확대와 전통 사회의 발전, 대교 288쪽
지혜와 용기	10	장보고	초등학교 읽기 4-2 5.정보를 모아 98쪽, 사회과 탐구 5-1 1.하나 된 겨레 34쪽, 중학교 역사(상) III.통일 신라와 발해, 대교 96쪽
	11	왕건	초등학교 사회과 탐구 5-1 2.다양한 문화를 꽃피운 고려 44쪽, 중학교 역사(상) IV.고려의 성립과 발전, 두산동아 98쪽
	12	최영	초등학교 생활의 길잡이 4-1 1.바른 마음 곧은 마음 24쪽, 사회과 탐구 5-1 3.유교 전통이 자리 잡은 조선 76쪽, 중학교 역사(상) V.고려 사회의 변천, 대교 167쪽
	13	정약용	초등학교 생활의 길잡이 3-2 1.소중한 나 17쪽, 도덕 5 1.최선을 다하는 삶 19쪽, 사회과 탐구 5-2 1.조선 사회의 새로운 움직임 28쪽
	14	세종대왕	초등학교 사회과 탐구 5-1 3.유교 전통이 자리 잡은 조선 83쪽, 읽기 6-2 5.언어의 세계 125쪽
	15	황희	초등학교 생활의 길잡이 4-2 3.따스한 손길 행복한 세상 57쪽
	16	성삼문	중학교 역사(상) VI.조선의 성립과 발전, 미래엔컬처그룹 178쪽
	17	이항복	초등학교 읽기 4-1 6.의견을 나누어요 115쪽
	18	신채호	초등학교 사회과 탐구 5-2 2.새로운 문물의 수용과 자주독립 67쪽, 중학교 역사(상) III.통일 신라와 발해, 대교 80쪽
자유와 인권	19	링컨	초등학교 도덕 4-1 1.바른 마음 곧은 마음 13쪽, 생활의 길잡이 4-1 1.바른 마음 곧은 마음 24쪽, 읽기 4-2 3.서로 다른 의견 49쪽
	20	간디	초등학교 생활의 길잡이 3-1 5.나라를 사랑하는 마음 98쪽, 도덕 6 4.서로 배려하고 봉사하며 79쪽, 중학교 국어 1-2 4.체험과 깨달음, 디딤돌 125쪽
	21	전봉준	초등학교 사회과 탐구 5-2 2.새로운 문물의 수용과 자주독립 43쪽
	22	안중근	초등학교 읽기 5-2 2.사건의 기록 46쪽, 사회과 탐구 5-2 2.새로운 문물의 수용과 자주독립 37쪽
	23	마틴 루터 킹	초등학교 사회 6-2 1.우리나라의 민주 정치 41쪽, 듣기·말하기·쓰기 6-2 6.생각과 논리 122쪽, 중학교 도덕 1 III.나의 삶과 국가, 두산동아 195쪽
	24	만델라	초등학교 생활의 길잡이 3-1 5.나라를 사랑하는 마음 98쪽, 고등학교 사회 VIII.정치 과정과 참여 민주주의, 법문사 240쪽
	25	김구	초등학교 사회과 탐구 5-2 2.새로운 문물의 수용과 자주독립 37쪽, 듣기·말하기·쓰기 6-1 6.타당한 근거 112쪽
	26	유관순	초등학교 도덕 3-1 5.나라를 사랑하는 마음 99쪽, 읽기 5-1 8.함께하는 세상 170쪽, 사회과 탐구 5-2 2.새로운 문물의 수용과 자주독립 37쪽
	27	안창호	초등학교 도덕 3-1 5.나라를 사랑하는 마음 99쪽, 사회과 탐구 5-2 2.새로운 문물의 수용과 자주독립 37쪽, 읽기 6-2 3.문제와 해결 78쪽
예술과 창조	28	신사임당	초등학교 생활의 길잡이 4-1 2.내 일은 내가 하기 40쪽, 중학교 역사(상) VI.조선의 성립과 발전, 대교 197쪽
	29	김홍도	초등학교 읽기 4-2 2.하나씩 배우며 32쪽, 중학교 역사(상) VI.조선의 성립과 발전, 대교 199쪽
	30	이중섭	초등학교 듣기·말하기·쓰기 6-2 1.문학과 삶 14쪽
	31	레오나르도 다 빈치	중학교 역사(상) VIII.다양한 문화권의 형성, 대교 279쪽
	32	모차르트	초등학교 음악 6 1.나가자! 달리자!, 금성출판사 13쪽, 중학교 음악 1 5.자연을 노래하는 우리, 금성출판사 74쪽
	33	베토벤	초등학교 생활의 길잡이 4-1 2.내 일은 내가 하기 47쪽, 중학교 도덕 2 IV.문화와 도덕, 미래엔컬처그룹 265쪽
	34	슈베르트	중학교 음악 1 6.서정을 노래하는 우리, 금성출판사 88쪽
	35	안데르센	초등학교 듣기·말하기·쓰기 6-1 국어 교실 함께 가꾸기 146쪽
	36	셰익스피어	고등학교 문학(상) II. 문학의 수용, 미래엔컬처그룹 92쪽, 문학(하) X.한국 문학과 문화, 교학사 307쪽
	37	톨스토이	초등학교 읽기 4-2 4.이럴 때는 이렇게 74쪽, 읽기 5-2 6.깊은 생각 바른 판단 158쪽, 중학교 도덕 3 I.삶의 목적, 중앙교육진흥연구소 42쪽
	38	스필버그	고등학교 문학(상) V.극문학의 수용과 창작, 태성 310쪽